Charles Bukowski
(1920-1994)

Charles Bukowski nasceu a 16 de agosto de 1920 em Andernach, Alemanha, filho de um soldado americano e de uma jovem alemã. Aos três anos de idade, foi levado aos Estados Unidos pelos pais. Criou-se em meio à pobreza de Los Angeles, cidade onde morou por cinquenta anos, escrevendo e embriagando-se. Publicou seu primeiro conto em 1944, aos 24 anos de idade. Só aos 35 anos é que começou a publicar poesias. Foi internado diversas vezes com crises de hemorragia e outras disfunções geradas pelo abuso do álcool e do cigarro. Durante a sua vida, ganhou certa notoriedade com contos publicados pelos jornais alternativos *Open City* e *Nola Express*, mas precisou buscar outros meios de sustento: trabalhou catorze anos nos Correios. Casou, teve uma filha e se separou. É considerado o último escritor "maldito" da literatura norte-americana, uma espécie de autor *beat* honorário, embora nunca tenha se associado com outros representantes *beats*, como Jack Kerouac e Allen Ginsberg.

Sua literatura é de caráter extremamente autobiográfico, e nela abundam temas e personagens marginais, como prostitutas, sexo, alcoolismo, ressacas, corridas de cavalos, pessoas miseráveis e experiências escatológicas. De estilo extremamente livre e imediatista, na obra de Bukowski não transparecem demasiadas preocupações estruturais. Dotado de um senso de humor ferino, auto-irônico e cáustico, ele foi comparado a Henry Miller, Louis-Ferdinand Céline e Ernest Hemingway.

Ao longo de sua vida, publicou mais de 45 livros de poesia e prosa. São s
rua (1971), *Factótum* (
quente (1982), *Hollywo*
na Coleção **L&PM** PC

destacam os livros de contos e histórias: *Notas de um velho safado* (1969), *Erections, Ejaculations, Exhibitions, and General Tales of Ordinary Madness* (1972; publicado em dois volumes em 1983 sob os títulos de *Tales of Ordinary Madness* e *The Most Beautiful Woman in Town*, lançados pela L&PM Editores como *Fabulário geral do delírio cotidiano* e *Crônica de um amor louco*), *Ao sul de lugar nenhum* (1973; L&PM, 2008), *Bring Me Your Love* (1983), *Numa fria* (1983; L&PM, 2003), *There's No Business* (1984) e *Miscelânea Septuagenária* (1990; L&PM, 2014). Seus livros de poesias são mais de trinta, entre os quais *Flower, Fist and Bestial Wail* (1960), *O amor é um cão dos diabos* (1977; L&PM, 2007), *Você fica tão sozinho às vezes que até faz sentido* (1986; L&PM, 2018), sendo que a maioria permanece inédita no Brasil. Várias antologias, como *Textos autobiográficos* (1993; L&PM, 2009), além de livros de poemas, cartas e histórias reunindo sua obra foram publicados postumamente, tais quais *O capitão saiu para o almoço e os marinheiros tomaram conta do navio* (1998; L&PM, 2003) e *Pedaços de um caderno manchado de vinho* (2008; L&PM, 2010).

Bukowski morreu de pneumonia, decorrente de um tratamento de leucemia, na cidade de San Pedro, Califórnia, no dia 9 de março de 1994, aos 73 anos de idade, pouco depois de terminar *Pulp*.

BUKOWSKI

VOCÊ FICA TÃO SOZINHO ÀS VEZES QUE ATÉ FAZ SENTIDO

Tradução de Rodrigo Breunig

www.lpm.com.br
L&PM POCKET

Coleção **L&PM** POCKET, vol. 1345

Texto de acordo com a nova ortografia.
Título original: *You Get So Alone at Times that It Just Makes Sense*

Também disponível em formato 14x21cm (2018)
Primeira edição na Coleção **L&PM** POCKET: julho de 2022
Esta reimpressão: março de 2025

Tradução: Rodrigo Breunig
Capa e ilustração: Ivan Pinheiro Machado
Preparação: Patrícia Yurgel
Revisão: Jó Saldanha

CIP-Brasil. Catalogação na publicação
Sindicato Nacional dos Editores de Livros, RJ

B949

Bukowski, Charles, 1920-1994
    Você fica tão sozinho às vezes que até faz sentido / Charles Bukowski; tradução Rodrigo Breunig. – Porto Alegre [RS]: L&PM, 2025.
    320 p. ; 17,5 cm.   (Coleção L&PM POCKET, v. 1345)

    Tradução de: *You Get So Alone at Times that It Just Makes Sense*
    ISBN 978-65-5666-235-0

    1. Poesia americana. I. Breunig, Rodrigo. II. Título. III. Série.

18-51798	CDD: 811
	CDU: 82-1(73)

Vanessa Mafra Xavier Salgado - Bibliotecária - CRB-7/6644

© 1986 by Charles Bukowski
© da tradução, L&PM Editores, 2017

Todos os direitos desta edição reservados a L&PM Editores
Rua Comendador Coruja, 314, loja 9 – Floresta – 90.220-180
Porto Alegre – RS – Brasil / Fone: 51.3225.5777

Pedidos & Depto. comercial: vendas@lpm.com.br
Fale conosco: info@lpm.com.br
www.lpm.com.br

Impresso no Brasil
Verão de 2025

para Jeff Copland

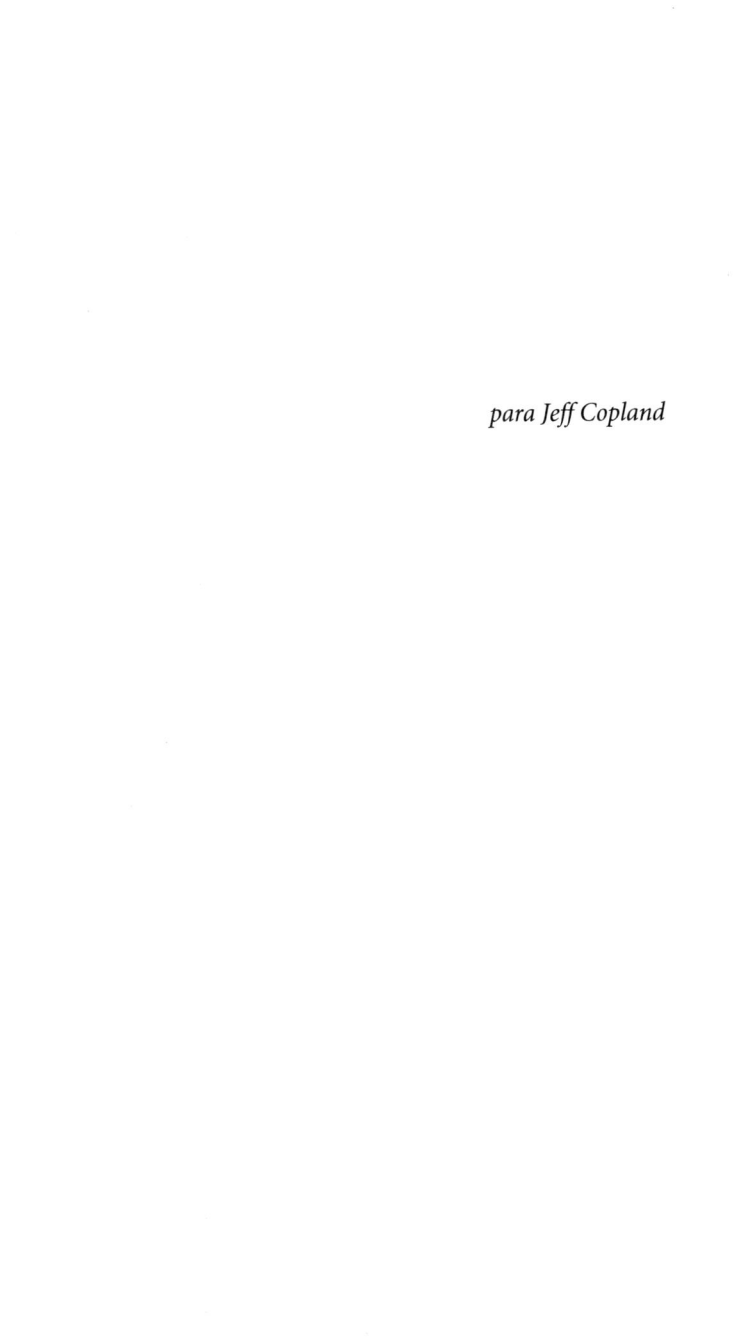

Sumário

1813-1883 / 15
Mercedes vermelha / 16
aposentado / 19
dando um jeito / 21
bestas saltando ao longo do tempo – / 24
vidas no lixo / 26
a geração perdida / 27
não tem remédio pra isso / 29
minha ambição não ambiciosa / 30
educação / 32
centro de L.A. / 35
outro acidente / 39
exame de direção / 41
é por isso que os enterros são tão tristes / 43
encurralado / 45
vagabundeando com Jane / 47
escuridão / 49
cupins da página / 51
diversão / 54
o trapézio imóvel / 56
janeiro / 58
ovo desestrelado / 60
o homem do terno marrom / 62
um mágico desaparecido... / 65
bem, é assim que é... / 68
a química das coisas / 69
fissura / 73
meu amigo, o atendente do estacionamento / 76
milagre / 78
um poema não urgente / 79

meu primeiro caso com aquela mulher mais velha / 81
a vida estradeira / 83
o jogador / 86
caixa postal 11946, Fresno, Calif. 93776 / 88
pobre Al / 90
para os meus amigos da ivy league: / 92
ajudar os mais velhos / 94
maus momentos no hotel da 3rd com a Vermont / 95
o Grande Plano / 97
lixo / 99
meu truque do desaparecimento / 102
vamos fazer um acordo / 104
chip Intel 8088 de 16 bits / 106
zero / 107
putrefação / 108
aceito... / 110
supostamente famoso / 112
a última dose / 115
puteiro / 116
começando rápido / 121
a louca verdade / 123
dirigindo no inferno / 125
aos interessados: / 126
um cara engraçado / 127
sapatos / 128
café / 129
juntos / 131
o melhor da raça / 134
perto da grandeza / 136
a passada / 138
história final / 140
amigos em meio à escuridão / 142
a morte sentou no meu colo e rachou de rir / 144

isso mesmo / 147
O tempora! O mores! / 148
o falecimento de um grande homem / 150
o vinho da eternidade / 152
verdade / 154
Glenn Miller / 155
Emily Bukowski / 156
algumas sugestões / 158
invasão / 160
tempos difíceis / 166
aposta arriscada / 169
concreto / 173
Alegre Parri / 177
achei o gosto do troço pior do que de costume / 179
a lâmina / 181
o furúnculo / 183
não registrado / 185
não sou misógino / 188
a dama do castelo / 191
implacável como a tarântula / 197
a noite deles / 199
hein? / 201
é engraçado, não é? #1 / 203
é engraçado, não é? #2 / 208
a belíssima editora / 210
sobre a conferência da PEN / 213
todo mundo fala demais / 214
eu e meu amigão / 218
canção / 220
prática / 223
poema de amor para uma stripper / 225
meu amigão / 227
Jon Edgar Webb / 229

obrigado / 231
a maldição mágica / 233
a festa acabou / 235
sem bobagem / 236
fuga / 237
usando a coleira / 238
um gato é um gato é um gato é um gato / 239
marchando pela Geórgia / 241
se foi / 242
conheço o famoso poeta / 243
aproveite o dia / 248
a ilha que vai encolhendo / 250
máquina mágica / 252
aquelas garotas que seguimos no caminho de casa / 254
anotação fracionária / 257
seguidores / 259
um encontro trágico / 261
um poema ordinário / 267
de um cão velho em seu porre / 269
deixem que caiam / 271
tentando chegar a tempo / 273
a morte de uma esplêndida vizinhança / 275
você fica tão sozinho às vezes que até faz sentido / 278
uma turma boa, no fim das contas / 280
isto / 281
quente / 282
poema bem / 284
bem bem / 284
tardio / 284
diversão das 3 da manhã: / 286
um dia vou escrever uma cartilha para santos aleijados mas enquanto isso... / 290
procura-se ajuda / 292

o que não mata... / 293
trabalhando / 295
além do ponto / 298
nossa risada é silenciada pelo sofrimento deles / 300
assassinato / 301
o que estou fazendo? / 303
pessoas nervosas / 305
praticando / 306
como está o seu coração? / 307
esqueça / 309
quieto / 310
é nosso / 315

VOCÊ FICA TÃO SOZINHO ÀS VEZES QUE ATÉ FAZ SENTIDO

1813-1883

ouvindo Wagner
e lá fora no escuro o vento sopra uma chuva fria as
árvores oscilam e balançam luzes se
apagam e acendem as paredes rangem e os gatos correm
    para baixo da
cama...

Wagner enfrenta os tormentos, ele é sentimental mas
sólido, é o lutador supremo, gigante num mundo de
pigmeus, ele se joga de frente, rompe
barreiras
uma
espantosa FORÇA sonora enquanto

tudo aqui balança
treme
verga
estoura
em feroz aposta

sim, Wagner e a tempestade se misturam com o vinho
    quando
noites como esta sobem dos meus pulsos até a cabeça e
recaem nas
tripas

certos homens nunca
morrem
e certos homens nunca
vivem

mas estamos todos vivos
nesta noite.

Mercedes vermelha

naturalmente, nós todos caímos em
baixo-astral, é uma questão de
desequilíbrio químico
e uma existência
que, por vezes,
parece impossibilitar
qualquer chance real de
felicidade.

eu estava num baixo-astral
quando um ricaço escroto
acompanhado de sua inexpressiva
namoradinha
numa Mercedes vermelha
cortou
a minha frente
no estacionamento do hipódromo.

o estalo lampejou
no meu íntimo:
vou arrancar o filho da puta
de seu carro e
arrebentar a
cara dele!

segui o sujeito
até os manobristas
estacionei atrás
e saltei do meu
carro
corri até a
porta dele
e puxei.

estava
trancada.
as
janelas estavam
levantadas.

eu bati na janela
do lado
dele:
"abre! eu vou
arrebentar a sua
cara!"

ele ficou sentado
olhando reto
em frente.
a mulher dele fazia
o mesmo.
eles não me
olhavam.

ele era 30 anos
mais novo,
mas eu sabia que podia
encarar,
ele era molenga
e mimado.

eu bati na janela
com meu
punho:
"sai daí, seu merda,
ou eu começo a
quebrar
o vidro!"

ele acenou de leve a cabeça
para sua
mulher.

eu a vi estender
o braço
abrir o
porta-luvas
e passar para ele o
.32

eu o vi segurar a arma
junto ao assento
e soltar a
trava de segurança.

fui andando
em direção ao
clube, o programa
parecia uma
beleza
naquele
dia.

tudo que eu precisava fazer
era
estar lá.

aposentado

costeletas de porco, dizia o meu pai, eu adoro
costeletas de porco!

e eu o via enfiar a gordura
na boca.

panquecas, ele dizia, panquecas com
calda, manteiga e bacon!

eu via seus lábios encharcados com
tudo aquilo.

café, ele dizia, eu gosto de café bem quente,
queimando a garganta!

às vezes estava tão quente que ele cuspia o café
na mesa toda.

purê de batatas com molho, ele dizia, eu
adoro purê de batatas com molho!

ele abocanhava aquilo, suas bochechas inchadas
como se tivesse caxumba.

feijão com chili, ele dizia, eu adoro feijão com
chili!

e engolia tudo e peidava por horas
bem alto, sorrindo após cada peido.

bolinho de morango, ele dizia, com sorvete
de baunilha, é assim que se termina uma refeição!

ele sempre falava sobre aposentadoria, sobre
o que faria quando se
aposentasse.
quando não estava falando sobre comida ele falava
sem parar sobre
aposentadoria.

ele não chegou à aposentadoria, ele morreu certo dia
de pé junto à pia
enchendo um copo de água.
esticou o corpo como se tivesse levado
um tiro.
o copo caiu de sua mão
e ele tombou para trás
pousando na horizontal
sua gravata escorregando pela
esquerda.

depois
as pessoas disseram que não conseguiam
acreditar.
ele parecia
ótimo.
distintas suíças
brancas, maço de cigarro no
bolso da camisa, sempre soltando
piadas, talvez um pouco
espalhafatoso e talvez com certo mau
humor
mas no geral
um indivíduo aparentemente
sadio

jamais perdendo um dia
de trabalho.

dando um jeito

nesta manhã fumegante Hades bate palma com suas
    mãos de Herpes e
uma mulher canta pelo meu rádio, sua voz vem escalando
pela fumaça e pelas emanações do vinho...

é um momento solitário, ela canta, e você não é
meu e isso me deixa tão mal,
essa coisa de ser eu...

consigo escutar carros na autoestrada, é como um mar
    distante
com sedimentos de pessoas
e por sobre o meu outro ombro, lá longe na 7th street
perto da Western
está o hospital, aquela casa do suplício –
lençóis e urinóis e braços e cabeças e
expirações;
tudo é tão docemente medonho, tão contínua e
docemente medonho: a arte da consumação: a vida
    comendo
a vida...
certa vez num sonho eu vi uma cobra engolindo sua
    própria
cauda, ela engoliu e engoliu até completar
meia-volta, e ali parou e
ali ficou, ela estava estufada de si
mesma. que situação.
só temos nós mesmos para ir em frente, e é o
bastante...

desço a escada pra pegar outra garrafa, ligo a
tevê a cabo e eis Greg Peck fingindo ser
F. Scott e ele está muito empolgado e está lendo seu

manuscrito para sua dama.
desligo o
aparelho.
que tipo de escritor é esse? lendo suas páginas para
uma dama? isso é uma violação...

volto ao andar de cima e meus dois gatos me seguem,
    eles são
bons camaradas, não temos desentendimentos, não
temos discussões, ouvimos a mesma música, nunca
    votamos para
presidente.
um dos meus gatos, o grande, salta no encosto
da minha cadeira, se esfrega em meus ombros e meu
pescoço.

"não adianta", digo a ele, "não vou
ler pra você esse
poema."

ele salta para o chão e sai pela
sacada e seu amigo
segue atrás.

eles sentam e olham a noite; nós temos o
poder da sanidade aqui.

nestas primeiras horas da manhã, quando quase todo
    mundo
está dormindo, pequenos insetos noturnos, coisas aladas
entram e circulam e giram.
a máquina zumbe seu zumbido elétrico, e tendo
aberto e provado a nova garrafa eu bato o próximo
verso. você
pode lê-lo para sua dama e ela provavelmente lhe dirá

que é bobagem. ela estará
lendo *Suave é a
noite.*

bestas saltando ao longo do tempo –

Van Gogh escrevendo ao irmão pedindo tintas
Hemingway testando sua espingarda
Céline falindo como médico
a impossibilidade de ser humano
Villon expulso de Paris por ser um ladrão
Faulkner bêbado nas sarjetas de sua cidade
a impossibilidade de ser humano
Burroughs matando a esposa com uma arma
Mailer esfaqueando a dele
a impossibilidade de ser humano
Maupassant enlouquecendo num barco a remo
Dostoiévski enfileirado num muro para ser fuzilado
Crane pulando de um barco na voragem da hélice
a impossibilidade
Sylvia com a cabeça no forno como batata assada
Harry Crosby saltando naquele Sol Negro
Lorca assassinado na estrada pelos soldados espanhóis
a impossibilidade
Artaud sentado num banco de hospício
Chatterton tomando veneno de rato
Shakespeare um plagiador
Beethoven com a corneta de surdez enfiada na cabeça
a impossibilidade a impossibilidade
Nietzsche totalmente enlouquecido
a impossibilidade de ser humano
demasiado humano
esse respirar
pra dentro e pra fora
pra fora e pra dentro
esses marginais
esses covardes
esses campeões

esses loucos cães da glória
movendo um tantinho de luz rumo a
nós
impossivelmente.

vidas no lixo

o vento sopra forte esta noite
e é um vento frio
e eu fico pensando nos
garotos na rua.
espero que alguns tenham uma garrafa
de tinto.

é quando você está na rua
que percebe que
tudo
tem dono
e que há fechaduras em
tudo.
é assim que uma democracia
funciona:
você obtém o que puder,
tenta manter o que obteve
e acrescenta algo
se possível.

é assim que uma ditadura
funciona também
só que ela ou escraviza ou
destrói seus
desamparados.

nós simplesmente esquecemos
os nossos.

nos dois casos
é um vento
forte
e frio.

a geração perdida

andei lendo um livro sobre uma literata rica
dos anos vinte e seu marido que
beberam, comeram e farrearam pela
Europa toda
encontrando Pound, Picasso, A. Huxley, Lawrence, Joyce,
F. Scott, Hemingway, muitos
outros;
os famosos eram como brinquedinhos preciosos para
eles,
e na minha leitura
os famosos se permitiam virar
brinquedinhos preciosos.
durante o livro inteiro
esperei que *um* único dos famosos
mandasse a literata rica e seu
marido literato rico para
o raio que os partisse
mas, aparentemente, nenhum deles jamais
mandou.
Em vez disso eram fotografados com a dama
e seu marido
em várias praias
com expressão inteligente
como se tudo aquilo fosse parte do ato
da Arte.
talvez o fato de a mulher e o marido
encabeçarem uma exuberante editora
tivesse algo a ver
com isso.
e eram todos fotografados juntos
em festas
ou em frente à livraria de Sylvia Beach.
é verdade que muitos deles foram

artistas excelentes e/ou originais,
mas aquilo parecia um negócio tão refinado
e esnobe,
e o marido por fim cometeu seu
ameaçado suicídio
e a dama publicou um dos meus primeiros
contos nos anos
40 e agora
já morreu, só que
não consigo perdoar nenhum dos dois
pela idiotice de suas vidas ricas
e tampouco
consigo perdoar seus brinquedinhos preciosos
por terem sido
isso.

não tem remédio pra isso

há um lugar no coração que
nunca será preenchido

um espaço

e mesmo nos
melhores momentos
e
nos melhores
tempos

nós saberemos

nós saberemos
mais do que
nunca

há um lugar no coração que
nunca será preenchido

e

nós vamos esperar
e
esperar

nesse
espaço.

minha ambição não ambiciosa

meu pai tinha pequenos provérbios que ele
        compartilhava sobretudo
durante as sessões de jantar; a comida o fazia pensar na
sobrevivência:
"quem não batalha come palha..."
"o passarinho madrugador é o mais comedor..."
"homem que dorme cedo e acorda cedo (etc.) ..."
"qualquer um que quiser pode se dar bem na América..."
"Deus ajuda quem (etc.) ..."

eu não entendia direito para quem ele falava,
e pessoalmente o considerava um
brutamontes estúpido e demente
mas minha mãe sempre intercalava nossas
sessões com: "Henry, *ouça* o seu
pai".

naquela idade eu não tinha qualquer
escolha
mas conforme a comida descia com os
provérbios
o apetite e a digestão desciam
junto.

me parecia que eu nunca tinha conhecido
na terra uma pessoa
tão desencorajadora da minha felicidade
quanto meu pai.

e aparentemente eu tinha
o mesmo efeito sobre
ele.

"Você é um *vagabundo*", ele me dizia, "e será
sempre um *vagabundo*!"

e eu pensava, se ser um vagabundo é ser o
oposto do que esse filho da puta
é, então é isso que vou
ser.

e é uma pena ele ter morrido
há tanto tempo
pois agora não pode ver
o quão magnificamente eu
me dei bem
nisso.

educação

naquela pequena mesa com tinteiro embutido
eu quebrava minha cabeça com as palavras
sing e *sign*.*
não sei por que
mas
sing e *sign*:
elas
me
incomodavam.

os outros prosseguiram e aprenderam
coisas novas
mas eu fiquei ali sentado
pensando sobre
sing e *sign*.
havia algo ali
que eu não conseguia
superar.

o que aquilo me deu foi uma
dor de barriga enquanto
eu olhava as nucas de todas aquelas
cabeças.

a professora tinha um
rosto muito feroz
ele convergia rispidamente até um
ponto
sob grossa camada de pó
branco.

---

* Respectivamente "cantar" e "assinar". (N.T.)

certa tarde
ela pediu à minha mãe para vir
conversar
e eu me sentei com elas
na sala de aula
enquanto elas
conversavam.

"ele não está aprendendo
nada", a professora
disse à minha
mãe.

"por favor dê uma chance
a ele, sra. Sims!"

"ele não está *se esforçando*, sra.
Chinaski!"

minha mãe começou a
chorar.

a sra. Sims ficou imóvel
encarando
a minha mãe.

aquilo durou alguns
minutos.

então a sra. Sims disse:
"bem, veremos o que
podemos fazer..."

depois eu estava andando com
a minha mãe

estávamos andando na
frente da escola,
havia bastante grama verde
e depois a
calçada.

"ah, Henry", minha mãe disse,
"seu pai está tão desapontado com
você, eu não sei o que vamos
fazer!"

pai, minha mente dizia,
pai e pai e
pai.

palavras assim.

decidi não aprender nada
naquela
escola.

minha mãe caminhava
ao meu lado.
ela não era nada em
absoluto.
e eu tinha uma dor de barriga
e até mesmo as árvores sob as quais
caminhávamos
pareciam não ser exatamente
árvores
mas antes qualquer outra
coisa.

centro de L.A.

você atira seu sapato às 3 da manhã quebrando a janela,
    depois enfia
a cabeça pelos cacos de vidro e ri enquanto o telefone toca
com ameaças autoritárias enquanto você xinga de volta
    pelo receptor, bate
o fone no gancho enquanto a mulher guincha: "QUE
    PORRA CÊ TÁ FAZENDO, SEU BABACA!"

você dá um sorrisinho, olha para ela (o que é isso?),
    você se cortou em algum lugar, adora isso, o
vermelho gotejando na camiseta de baixo suja e
    rasgada, o uísque rugindo
através de sua invencibilidade: você é jovem, você é
    grande, e o mundo
fede a séculos de Humanidade ao passo que

você está no caminho certo
e resta algo para beber –
é bom, é uma farsa dramática e você pode lidar com ela
    usando
verve, estilo, graça e a nata do
misticismo.

outro bêbado de hotel – graças a Deus existem hotéis e
    uísque e damas da
rua!

você se volta para ela: "sua rameira de merda, não suje
    o meu nome! eu sou
o cara mais durão da cidade, você não sabe com quem
    se meteu neste
quarto!"

ela só olha, acreditando sem acreditar... um cigarro
     pendurado, ela é meio
doida, procurando uma saída; ela é forte, tem medo, foi
enganada, levada, abusada, usada, excessivamente
usada...

no entanto, sob tudo isso, para mim ela é a *flor*, eu a
     vejo como era
antes de ser arruinada pelas mentiras: as deles e
as dela.

para mim, ela é nova outra vez como também sou
     novo: temos uma chance
juntos.

vou até ela e encho seu copo: "você tem classe, boneca,
     você não é como as
outras..."

ela gosta disso e eu também gosto porque para tornar
     uma coisa verdadeira tudo que você
precisa fazer é acreditar.

eu me sento na frente dela enquanto ela me fala de sua
     vida, mantenho cheio o copo dela,
acendendo seus cigarros, escuto e a Cidade dos Anjos
escuta: ela passou por maus bocados.

fico sentimental e decido não comê-la: um homem a
     mais para ela
não vai ajudar e uma mulher a mais para mim não fará
diferença – além disso, ela não é lá muito
atraente.

na verdade, sua vida é chata e um tanto comum mas a
     maioria é – a minha também

exceto quando elevada pelo
uísque

ela cai num choro incontrolável, ela é uma gracinha,
    mesmo, e dá pena, tudo que ela quer
é o que ela sempre quis, só que está ficando cada vez
    mais distante.

então ela para de chorar, nós apenas bebemos e
    fumamos, baixa uma paz – não vou incomodá-la
    nessa
noite...

enfrento dificuldades ao tentar puxar da parede a cama
    embutida, ela
vem para ajudar, nós puxamos juntos – de repente a
    cama se solta – despenca
em cima de nós, um objeto duro e mortal e descuidado,
    nos derruba no chão
de bunda embaixo daquele peso e
primeiro com medo gritamos
então começamos a rir, rir
como loucos.

ela usa o banheiro primeiro, depois vou eu, depois nos
    estiramos e
dormimos.

desperto nas primeiras horas da manhã... ela está na
    minha cintura, ela
me botou na boca e está trabalhando furiosamente.

"está tudo bem", eu digo, "você não precisa fazer isso."

ela continua, termina...

de manhã passamos pelo recepcionista, ele usa óculos
    escuros de aros grossos,
parece sentado à sombra de algum sonho de tarântula:
    estava ali quando
entramos, está ali agora: alguma escuridão eterna,
    estamos quase na porta
quando ele diz:
"não voltem".

caminhamos 2 quadras, viramos à esquerda,
    caminhamos uma quadra, depois uma quadra
    no rumo sul, entramos no
Willie's no meio da quadra, ocupamos um lugar no
    centro
do bar.

pedimos cerveja para dar a largada, ficamos ali
    enquanto ela procura cigarros em sua
bolsa, então eu me levanto, vou até a jukebox, insiro
    uma moeda,
volto, sento, ela ergue seu copo, "o primeiro é o
    melhor",
e eu ergo a minha bebida, "e o último..."

lá fora, o tráfego corre pra lá e pra cá, pra cá e pra
lá,
indo a
lugar nenhum.

outro acidente

gato foi atropelado
agora parafuso de prata mantendo unido um fêmur
quebrado
perna direita
envolta em rubra e brilhante
atadura

trouxe meu gato de volta do veterinário
tirei meu olho
dele por
um instante

ele correu pelo piso
arrastando sua rubra
perna
perseguindo a
gata

pior coisa que o
filho da puta podia
fazer

está preso
de castigo
agora
esfriando
a cabeça

ele é igualzinho ao
resto de
nós

ele tem uns grandes
olhos amarelos
fitando fixamente

querendo apenas
viver a
vida
boa.

exame de direção

motoristas
em reação de defesa e raiva
com frequência mostram o
dedo
àqueles
que se envolvem em seus
problemas de direção.

tenho noção daquilo que o
sinal do dedo
sugere
mas quando ele é dirigido
a mim
às vezes
não consigo deixar de rir dos
rubicundos
semblantes
retorcidos
e do
gesto.

mas hoje
eu me vi
mostrando o dedo
para um cara que
se atravessou
na minha pista
sem esperar
na saída de um
supermercado.

mostrei o dedo para
ele.

ele viu
e eu fui dirigindo colado em seu
para-choque
traseiro.

foi a minha primeira
vez.

eu era um membro do
clube
e me senti um
puta
idiota.

é por isso que os enterros são tão tristes

ele tem todas as ferramentas mas é preguiçoso, não tem
fogo, as mulheres sugam seus sentidos, suas
emoções, ele só quer dirigir seu
carro vistoso,
ele manda encerar o carro uma vez por mês
joga fora os sapatos quando ficam
arranhados
mas ele tem a melhor mão direita no
ramo
e seu gancho de esquerda é capaz de afundar as costelas
    de um homem
quando eu consigo fazê-lo se mexer
mas
ele não tem um pingo de imaginação
está entre os dez melhores
mas falta música.
ele ganha dinheiro
mas vai tudo sumir das mãos
dele.
um dia ele não conseguirá fazer
sequer o pouco
que está fazendo agora.
sua ideia de vitória é baixar o
máximo número de calcinhas
possível.
ele é
campeão nisso.
e quando você me vê gritando com ele
em seu canto entre os
assaltos
estou tentando acordá-lo para o fato de que

a HORA é
AGORA.
ele apenas sorri para mim:
"que diabo, luta *você* com ele, ele é
osso duro..."

você não imagina, primo, quantos
homens
são capazes
mas
não fazem.

encurralado

bem, disseram que acabaria
assim: velho. talento esgotado. sem encontrar a
palavra

ouvindo os passos
escuros, eu me viro
olho para trás...

ainda não, cão velho...
muito em breve.

agora
eles se reúnem falando de
mim: "sim, aconteceu, ele
já era... é
triste..."

"ele nunca foi grande coisa,
foi?"

"bem, não, mas agora..."

agora
eles estão comemorando a minha queda
em tabernas que já não
frequento.

agora
eu bebo sozinho
nesta máquina
defeituosa

enquanto as sombras assumem
formas
eu luto na lenta
retirada

agora
minha promessa de outrora
definhando
definhando

agora
acendendo novos cigarros
servindo mais
bebidas

foi uma belíssima
luta

ainda
é.

vagabundeando com Jane

não havia fogão
e colocávamos latas de feijão
na água quente da pia
para aquecê-las
e
nós líamos os jornais dominicais
na segunda-feira
depois de desenterrá-los nas
latas de lixo
mas de algum jeito arranjávamos
dinheiro para o vinho
e para o
aluguel
e o dinheiro vinha
das ruas
das lojas de penhores
do nada
e tudo que importava
era a próxima
garrafa
e bebíamos e cantávamos
e
brigávamos
dentro e fora
de detenções
por embriaguez
carros acidentados
hospitais
fazíamos barricadas
contra a
polícia
e os outros hóspedes
nos

detestavam
e o recepcionista
do hotel
nos
temia
e aquilo nunca
tinha
fim
e foi uma das
épocas mais maravilhosas
da minha
vida.

escuridão

a escuridão cai sobre a Humanidade
e os rostos se tornam coisas
terríveis
que queriam mais do que
havia.

todos os nossos dias são marcados por
afrontas
inesperadas – algumas
desastrosas, outras
menos
mas o processo é
desgastante e
contínuo.
o atrito é a norma.
a maioria cede
o lugar
deixando
espaços vazios
onde deveriam existir
pessoas.

nossos progenitores, nossos
sistemas educacionais, a
terra, a mídia, o
modo
só
iludiram e desencaminharam as
massas: elas foram
derrotadas pela aridez do
sonho
efetivo.

elas
ignoravam que
a conquista ou a vitória ou
a sorte ou
seja lá como você
quiser chamar
por certo
tem
suas derrotas.

somente o reencontro e
o ir em frente
é que conferem substância
a qualquer magia
possivelmente
derivada.

e agora
quando estamos prontos para nos autodestruir
resta muito pouco para
matar

o que torna a tragédia
menor e maior
bem bem
maior.

cupins da página

o problema que tive com
a maioria dos poetas que conheci é que
eles nunca tiveram uma jornada de trabalho de 8 horas
e não há nada
que ponha uma pessoa
mais em contato
com as realidades
do que uma jornada de trabalho de 8 horas.

a maioria desses poetas
que eu
conheci
aparentemente subsistiram de
ar e mais nada
mas
não foi de fato
assim: por trás deles houve
um membro da família
geralmente uma esposa ou mãe
sustentando essas
almas
e
por isso não é de admirar
que tenham escrito tão
mal:
eles foram protegidos
do mundo real
desde o
início
e não
compreendem nada
exceto as pontas de suas
unhas

e
seus delicados
topetes
e seus gânglios
linfáticos.

suas palavras não são
vividas, nem aparelhadas, nem
verdadeiras, e pior – são tão
elegantemente
sem graça.

suaves e seguros
eles se reúnem para
tramar, odiar,
fofocar, a maioria desses
poetas americanos
forçando e trambicando seus
talentos
brincando de grandeza.

poeta (?):
essa palavra precisa ser re-
definida.

quando ouço essa
palavra
sinto um mal-estar nas
tripas
como se eu estivesse prestes a
vomitar.

que fiquem com o palco
só pra eles
contanto

que eu não precise
estar na
plateia.

diversão

veja bem, ela disse, estirada na cama, eu não quero nada
pessoal, vamos só transar, eu não quero me envolver,
sacou?

ela chutou pra longe os sapatos de salto alto...

claro, ele disse, de pé ali, vamos só fingir que
já transamos, não existe nada menos envolvido do que
 isso,
existe?

que diabos você quer dizer?, ela perguntou.

quero dizer, ele disse, que prefiro beber
de qualquer maneira.

e ele se serviu de bebida.

era uma noite péssima em Vegas e ele foi até a janela e
olhou as luzes estúpidas lá fora.

você é bicha? ela perguntou, você é bicha, seu
desgraçado?

não, ele disse.

você não precisa agir como um bosta, ela disse, só
 porque perdeu nas
mesas – dirigimos todo esse caminho até aqui em busca
 de diversão e
agora olha só você: sugando esse trago, cê podia tê feito
 isso em
L.A.!

certo, ele disse, se tem uma coisa com a qual eu gosto de
 me envolver é a
maldita garrafa.

eu quero que você me leve pra casa, ela disse.

com todo prazer, ele disse, vamos
nessa.

foi uma dessas ocasiões em que nada se perdeu porque
 nada
tinha sido encontrado e enquanto ela se vestia foi triste
 para
ele
não por causa dele e da mulher mas por causa de todos
 os milhões como ele e a mulher
enquanto as luzes piscavam lá fora, tudo tão facilmente
 falso.

ela se aprontou depressa: vamos dar o fora daqui, ela
disse.

certo, ele disse, e os dois saíram pela porta juntos.

o trapézio imóvel

Saroyan disse para sua esposa: "eu preciso
apostar para poder
escrever". ela lhe disse para
ir em frente.

ele perdeu $350.000
quase tudo no hipódromo
mas mesmo assim não conseguiu escrever ou
pagar seus impostos.

ele fugiu do governo e se exilou
em Paris.

mais tarde voltou, se virou
como pôde
endividado até o
pescoço –
direitos autorais
definhando.

mesmo assim não conseguia escrever ou
o que escrevia não
funcionava porque o tremendo
e bravo otimismo
que tanto animou
todo mundo
durante a depressão
simplesmente virou
água com açúcar
durante
os bons tempos.

ele morreu
na condição de lenda minguante
com um vasto bigode
em forma de guidão
igualzinho ao que o pai dele
costumava usar
no velho estilo
armênio de Fresno
num mundo que já não podia
usar
Wiliam.

janeiro

aqui
você vê esta
mão

aqui você vê este
céu
esta
ponte

ouve este
som

a agonia do
elefante

o pesadelo do
anão

enquanto
papagaios engaiolados
repousam num
floreio de
cor

enquanto pedaços de
pessoas
despencam pela
beira
como pedrinhas
como
rochas

manicômios gritando de
dor

enquanto a realeza do
mundo é
fotografada
digamos
a cavalo
ou
digamos
contemplando um desfile
em sua
honra

enquanto
os drogados se drogam
enquanto os bebuns bebem
enquanto as vadias vadiam
enquanto os matadores matam

o albatroz pisca seus
olhos

o clima continua
praticamente
o mesmo.

ovo desestrelado

NADA. sentados num café tomando café da manhã.
      NADA.   a garçonete,
e as pessoas comendo. o tráfego passa. não importa o que
Napoleão fez, o que Platão fez. Turguêniev poderia ter
      sido uma mosca. estamos
esgotados, esperança erradicada. pegamos xícaras de
      café como os robôs que tomarão em breve
o nosso lugar. coragem em Salerno, banhos de sangue
      no front oriental não
importaram. sabemos que estamos derrotados. NADA.
      agora é só uma questão de
continuar
      de alguma maneira –
mastigar a comida e ler o jornal. nós
lemos sobre nós mesmos. a notícia é
ruim. algo sobre
NADA.
Joe Louis morto há muito enquanto a mosca-da-fruta
      invade Beverly Hills.
bem, pelo menos podemos sentar e
comer. tem sido uma viagem
árdua. poderia ser
pior. poderia ser pior do que
NADA.

peçamos mais café à
garçonete.
a *vadia*! ela sabe que estamos tentando chamar sua
atenção.
ela só fica lá parada fazendo
NADA.
não importa que o príncipe Charles caia do cavalo
ou que o beija-flor seja tão raramente

visto
ou que sejamos insensatos demais para
enlouquecer.

café. sirvam-nos mais desse café do
NADA.

o homem do terno marrom

porra, ele era pequeno
talvez 1 e 60,
60 quilos,
eu não gostava
dele,
ele ficava em sua mesa
lá no
banco
e enquanto eu esperava na fila
ele parecia ter um jeito
de olhar pra
mim
e eu encarava
de volta,
não sei o que
era
que causava a
animosidade.
ele tinha um bigodinho
que caía
nas pontas,
tinha uns quarenta e poucos anos
e como a maioria das pessoas que trabalhavam
em bancos
tinha uma personalidade
descompromissada mas
cheia de si.

um dia eu quase
pulei a grade
para lhe perguntar
que diabos

ele estava
olhando?

hoje entrei
e fiquei na fila
e o vi se afastar da
mesa.
uma das caixas estava
tendo problemas
com um homem
em seu
guichê
e o homem
do terno marrom
começou a trocar
ideia com os
dois.
de repente
o homem do terno marrom
saltou a
grade
parou atrás do outro
enlaçou seus braços
nos dele
então o arrastou
até uma passagem
com tranca
adiante na grade
esticou a mão
desenganchou a tranca
conseguindo mesmo assim
manter o homem
imobilizado.
então o arrastou
para dentro

trancou o
portão
e segurando ainda o
homem
disse para uma das
garotas
"Chame a
polícia".

o homem que ele estava segurando era
negro, tinha uns 20 anos, uns bons 1 e 90,
talvez 85 quilos,
e eu pensei, ei,
cara, se solta, cadeia não é
brincadeira.

mas ele só ficou
ali
sendo
imobilizado.

saí antes que a
polícia
chegasse.

quando fui
de novo ao banco
o homem do terno marrom
estava atrás de sua
mesa.
e quando ele me lançou um
olhar
eu sorri só um
pouquinho.

um mágico desaparecido...

eles vão um por um e conforme vão indo isso chega
    mais perto
de mim e
não me importo muito, é
só que não consigo ser prático quanto à
matemática que leva outros
ao ponto de fuga.

sábado passado
um dos maiores ases da corrida de arreios
morreu – o pequeno Joe O'Brien.
eu o vira ganhar inúmeras
corridas. ele
tinha um peculiar movimento balanceado
ele estalava as rédeas
e balançava o corpo pra trás e
pra frente. ele
aplicava esse movimento
durante a reta final e
era algo bastante dramático e
efetivo...

ele era tão pequeno que não conseguia
golpear o chicote com a mesma força dos
outros
entao
ele balançava e balançava
na charrete
e o cavalo sentia o relâmpago
de sua excitação
aquele balanço ritmado e louco era
transferido do homem para o
animal...

o negócio todo dava a sensação de um
jogador de dados invocando os
deuses, e os deuses
respondiam com tamanha frequência...

eu vi Joe O'Brien vencer
incontáveis fotos de linha de chegada
várias por um
nariz.
ele pegava um cavalo
que outro condutor não conseguia
fazer correr
e Joe lhe dava seu
toque
e o animal quase
sempre respondia com
uma enxurrada de energia selvagem.

Joe O'Brien era o melhor corredor de arreios
que eu jamais tinha visto
e eu tinha visto vários ao longo das
décadas.
ninguém conseguia mimar e adular
um trotador ou marchador
como o pequeno Joe
ninguém conseguia fazer a magia funcionar
como Joe.

eles vão um por um
presidentes
lixeiros
atores
batedores de carteiras
pugilistas
pistoleiros

dançarinos de balé
pescadores
médicos
fritadores
bem
assim

mas Joe O'Brien
vai ser difícil
difícil
encontrar um substituto para
o pequeno Joe

e
na cerimônia
realizada para ele
na pista esta noite
(Los Alamitos 1-10-84)
enquanto os condutores se reuniam num
círculo
em seus uniformes
na linha de chegada
eu precisei dar minhas costas
à multidão
e subir os degraus da
arquibancada superior
rumo ao muro
para que as pessoas não
me vissem
chorar.

bem, é assim que é...

às vezes quando tudo parece estar no
fundo do poço
quando tudo conspira
e atormenta
e as horas, os dias, as semanas
os anos
parecem desperdiçados –
estirado ali na minha cama
no escuro
olhando para o teto
recaio em algo que muitos considerariam
um pensamento repugnante:
ainda é bom ser
Bukowski.

a química das coisas

sempre achei que Mary Lou era magrinha e
estava longe de ser um colírio para os olhos
ao passo que quase todos os outros caras
achavam Mary Lou uma
gostosa.
talvez tenha sido por isso que ela ficou comigo
na escola intermediária.
minha indiferença foi decerto
um atrativo.

eu era frio e mau naquele tempo
e quando os caras me perguntavam
"você já comeu a Mary Lou?"
eu respondia com a
verdade: "ela
me dá tédio".

tinha um cara
que dava aula de química.
Sr. Humm. Humm usava uma pequena
gravata-borboleta e um terno preto, um
troço barato e amassado, ele
era supostamente um
crânio

e um dia Mary Lou veio falar
comigo
e disse que Humm a tinha mantido na sala
depois da aula
e a tinha levado para o
cubículo e
a tinha beijado e
apalpado sua

calcinha.
ela chorava: "o que é que eu vou
fazer?"

"esquece", eu disse,
"as substâncias químicas ferraram
o cérebro dele. nós temos uma professora de inglês
que fica levantando a saia em volta das
coxas todos os dias e quer ir pra cama com
todos os caras da turma. nós gostamos dela mas
não estamos nem aí."

"por que você não dá uma surra no Sr. Humm?",
ela me perguntou.

"eu poderia, mas acabariam me transferindo pro
Stuart Hall."

no Stuart Hall eles cagavam os alunos
de tanto pau
e ignoravam matemática, inglês,
música, eles só prendiam os alunos numa
oficina
onde você ficava consertando carros velhos
que eles revendiam com grandes
lucros.

"eu achava que você gostava de mim", disse Mary
Lou, "você não entende que ele
me beijou, enfiou a língua na minha
garganta e passou a mão no meu
traseiro?"

"bem", eu disse, "nós vimos a boceta
da sra. Lattimore outro dia, na aula de inglês."

Mary Lou foi embora
chorando...

bem, ela contou à
mãe dela e Humm se lascou, ele
teve que
pedir demissão, o pobre filho da
puta.

depois os caras me perguntaram
"ei, o que você acha do Humm
metendo a mão na bunda da sua
garota?"

"só mais um cara sem bom
gosto", eu respondi.

eu era frio e mau
naquele tempo e passei à
escola secundária, a mesma
que Mary Lou frequentava
onde ela se casou
secretamente
durante seu último ano
com um cara
que eu conhecia, um cara que eu
deixei pra trás na bebida e caguei de tanto pau
algumas
vezes.

o cara achava que tinha
algo especial.
ele quis que eu fosse
padrinho de casamento.

eu disse não, obrigado, e muita
sorte.

nunca consegui entender
o que viam na
Mary Lou.
e o pobre Humm: que
velhote solitário e
doente.

de todo modo, depois entrei na
faculdade
onde o único abuso que
cheguei a ver acontecendo
era o que eles cometiam com a nossa
mente.

fissura

"não posso mais viver com você",
ela disse,
"*olha só* você!"

"hã?", eu
perguntei.

"*olha só* você!
sentado nessa
maldita
cadeira!
a barriga despontando da
sua
roupa de baixo,
você queimou furos
de cigarro em todas as suas
camisas!
tudo que você *faz* é sugar
essa maldita
cerveja,
garrafa após garrafa,
o que é que você ganha com
isso?"

"o estrago está
feito", eu disse
a ela

"do que é que você está
falando?"

"nada importa e
nós sabemos que nada importa

e *isso*
importa..."

"você está bêbado!"

"ora, gatinha, vamos ficar
numa boa, é
fácil..."

"não pra *mim*!", ela gritou,
"não pra
mim!"

ela entrou correndo no banheiro
para se
maquiar.
eu me levantei atrás de outra
cerveja.
sentei de volta
mal tinha encostado a nova garrafa
na boca
quando ela saiu do
banheiro.

"puta merda!", ela exclamou,
"você é
nojento!"

eu ri direto no gargalo
da garrafa, me engasguei, cuspi um gole de
cerveja ao longo da minha
camiseta.

"meu deus!", ela
disse.

ela bateu a porta e
se foi.

eu olhei a porta fechada
e a maçaneta
e estranhamente
não me senti
sozinho.

meu amigo, o atendente do estacionamento

– ele é um dândi
– bigodinho preto
– geralmente sugando um charuto

ele costuma se debruçar para dentro dos carros
        enquanto
efetua negócios

na primeira vez em que o vi, ele disse
"ei! cê vai dar uma
matada?"

"talvez", eu respondi.

na vez seguinte foi:
"ei, Pé de mesa! o que é que tá
rolando?"

"quase nada", eu disse a
ele.

na vez seguinte minha namorada estava comigo
e ele apenas
sorriu.

na vez seguinte eu estava
sozinho.

"ei", ele perguntou, "cadê a
jovenzinha?"

"deixei em casa..."

"*Papo furado*! aposto que ela te
largou!"

e na vez seguinte
ele realmente se debruçou para dentro do carro:

"como é que pode um cara como *você* dirigir
uma BMW? aposto que você herdou o seu
dinheiro, você não ganhou esse carro com o seu
cérebro!"

"como você adivinhou?", eu
respondi.

isso foi algumas semanas atrás.
não tenho visto meu amigo nos últimos tempos.
um sujeito como aquele, provavelmente ele apenas
       avançou
para algo
melhor.

milagre

acabei de ouvir uma
sinfonia que Mozart rabiscou
num único dia
e ela tinha uma dose de júbilo
louco e selvagem
capaz de durar
para sempre,
seja lá o que para sempre
for
Mozart chegou o mais próximo
possível
disso.

um poema não urgente

teve um sujeito que me escreveu sobre
sua impressão de que não havia a mesma
"urgência" nos meus poemas
do presente
em comparação com meus poemas
do passado.

ora, se isso é verdade
por que ele me escreveu
a respeito?
por acaso tornei seus dias
mais
incompletos?
é
possível.

bem, também já me senti
desapontado
por escritores
que eu antes considerava
poderosos
ou
ao menos
bons
pra burro
mas
jamais cogitei
escrever para
informá-los de que eu
pressentia sua
decadência.
descobri que a melhor coisa
a fazer

era apenas seguir martelando
no meu próprio trabalho
e deixar que os moribundos
morressem
como sempre
morreram.

meu primeiro caso com aquela mulher mais velha

quando penso agora
no abuso que sofri nas mãos
dela
sinto vergonha por ter sido tão
inocente,
mas devo dizer
que ela bebia comigo de igual para
igual,
e eu percebi que sua vida e
seus sentimentos pelas coisas
tinham sido arruinados
ao longo do caminho
e que eu não passava de uma
companhia
temporária;
ela era dez anos mais velha
e ferida de morte pelo passado
e pelo presente;
ela me tratava mal:
abandono, outros
homens;
ela me causava imensa
dor,
continuamente;
ela mentia, roubava;
houve abandono,
outros homens,
mas tivemos bons momentos; e
a nossa novelinha terminou
com ela em coma
no hospital,

e eu me sentei junto ao leito
por horas
conversando com ela,
e aí ela abriu os olhos
e me viu:
"eu sabia que seria você",
ela disse,
então fechou seus
olhos.

no dia seguinte ela estava
morta.

eu bebi sozinho
por dois anos
depois disso.

a vida estradeira

um idiota ficou me fechando e por fim consegui passar
    por ele, e na
exaltação da liberdade eu acelerei até 135
    (naturalmente, não sem antes ver no retrovisor
se havia presença dos nossos protetores de uniforme
    azul); aí senti e ouvi o CHOQUE de um objeto
duro contra o fundo do meu carro, mas querendo
    chegar a tempo ao hipódromo me convenci
a ignorá-lo (como se isso eliminasse o problema) muito
    embora eu começasse a sentir
o cheiro de gasolina.
conferi o medidor do tanque e o nível *parecia* estável...

já tinha sido uma semana terrível
mas, sabe como é, a derrota pode fortalecer assim como
    a vitória pode enfraquecer, e se
você tiver a devida sorte e a santa paciência os deuses
    até *poderão* conceder
a devida dose...
aí
o tráfego se congestionou e parou, e aí o cheiro de
    gasolina ficou forte pra valer e eu vi meu
medidor despencando rapidamente, aí meu rádio me
    informou que um homem 5 quilômetros adiante
no viaduto de Vernon estava sentado na grade de
    proteção e ameaçava
suicídio,
e assim me vi sob ameaça de ser mandado ao inferno
    numa explosão
com as pessoas me gritando que meu tanque estava
    rachado e vazando gasolina;
sim, eu assentia em resposta, eu sei, eu sei...

enquanto isso, enxotando carros com a mão e abrindo
 caminho rumo à faixa externa
pensando, eles estão mais aterrorizados do que eu:
se eu me ferrar, quem estiver perto é capaz de se ferrar
 também.

não havia o menor movimento no tráfego – o suicida
 ainda tentava se
decidir e o meu medidor de gasolina caiu no vermelho
e aí a necessidade de ser um cidadão exemplar e de
 esperar pela oportunidade
desapareceu e tratei de manobrar
por cima de um anteparo de cimento
entortando minha roda dianteira direita
consegui chegar à saída da autoestrada que estava
 totalmente
livre
aí rodei como deu até um posto de gasolina na Imperial
 Highway
estacionei
ainda pingando gasolina, saí, fui até o telefone, chamei
 um
guincho, não demorou nem um pouco, bela carona de
 volta com um camarada
negro que me contou histórias estranhas sobre
 motoristas em apuros...
(como certa mulher, suas mãos estavam grudadas no
 volante, levaram 15 minutos
conversando e forçando até fazê-la soltar.)

peguei o carro de volta uns dois dias depois, estava
 voltando do hipódromo,
pisei no freio e o pedal não descia, por sorte eu não
 estava na autoestrada

mesmo assim desliguei o motor, deslizei até o meio-fio,
    notei que a cobertura
da coluna de direção havia se soltado e bloqueado o
    freio, arranquei ela dali, aí
arranquei um pouco mais para garantir, aí jorrou todo
    um emaranhado de fios,
m e r d a...
girei a chave, pisei no acelerador mas o motor PEGOU
e saí rodando com os fios pendentes derramados na
    minha perna
pensando
será que essas coisas acontecem com as outras
pessoas ou sou
eu justamente o escolhido?
decidi que era o segundo caso e entrei na autoestrada
    onde
um cara num fusca me cortou a frente e trancou minha
faixa
consequentemente eu costurei para passar o filho da
    puta e pisei até
120, 130, 140...
pensando, a coragem necessária para sair da cama toda
manhã
para encarar as mesmas coisas
outra e outra vez
era
enorme.

o jogador

eu tinha 40 pela vitória do cavalo 6
ele tinha 2 corpos de vantagem na reta final
estava correndo junto à grade
quando o jóquei o chicoteou
com a mão direita
e o cavalo bateu na madeira
tombou
derrubou o jóquei
e lá se foi a corrida
para mim.

essa era a sétima corrida
e considerei que o cavalo
poderia ter perdido
de qualquer maneira
e aí considerei a ideia de ir embora
mas decidi jogar na
oitava,
botei 20 pela vitória numa aposta de 5 para
um.

na nona eu apostei 40 pela vitória
do segundo favorito
e quando a campainha tocou na largada
o cavalo empinou e
deixou meu jóquei
na baia.

desci a escada rolante
e saí pelo
portão
onde um jovem me pediu
um dólar para que pudesse

pegar o ônibus
para casa.

eu dei a nota e
falei
"você deveria manter distância deste
lugar".

"é", ele disse, "eu
sei."

então segui rumo ao estacionamento
procurando cigarros nos bolsos do meu
casaco.

nada.

caixa postal 11946, Fresno, Calif. 93776

voltei de carro do hipódromo depois de perder $50.
um dia quente por lá
eles espremem gente nos sábados;
meus pés doíam e eu tinha dores no pescoço
e pelos ombros –
nervos: grandes multidões mais do que
me abalam.
subi a entrada da garagem e peguei a
correspondência
avancei e estacionei
entrei e abri a carta da Receita Federal
formulário 525 (SC) (Rec. 9-83)
li
e fui informado de que eu devia
DOZE MIL SEISCENTOSEQUATRO DÓLARES E
SETENTA E OITO CENTAVOS
do meu imposto de renda de 1981 mais
DOIS MIL OITOCENTOSEOITENTAETRÊS
      DÓLARES
E DOZE CENTAVOS de juros
e esses juros adicionais estavam sendo
reajustados
DIARIAMENTE.
entrei na cozinha e me servi uma
bebida.
a vida na América era uma coisa
curiosa.
bem, eu *poderia* deixar que os juros
aumentassem
isso era o que o governo
fazia

mas depois de um tempo eles
viriam atrás de mim
ou de fosse lá o que me
restasse.
pelo menos aquele prejuízo de $50 no
hipódromo não parecia mais
tão ruim.
eu teria de voltar no dia seguinte e
ganhar $15.487,90 mais
o reajuste diário
dos juros.
brindei a isso,
lamentando não ter comprado um
Programa das Corridas
na
saída.

pobre Al

não sei como ele consegue
mas toda mulher que ele conhece é
louca.
ele até pode se livrar de uma
mulher louca
mas nunca obtém o menor
descanso –
outra louca vem morar com ele
na mesma hora.

é só quando já estão na casa
e começam a se comportar
de um jeito mais do que estranho
que elas admitem para ele
que já passaram por
hospício
ou que suas famílias têm
um longo histórico de doença
mental.

a última louca
ele mandava para o psiquiatra
uma vez por semana:
$75 por 45 minutos.
depois de 7 meses
ela abandonou o
psiquiatra
e disse para o Al
"aquele maldito veado não sabe de
nada".

não sei como todas elas acham
o Al.

segundo ele não dá pra dizer à primeira
vista
elas ficam resguardadas
mas depois de 2 ou 3 meses o
resguardo cai
e lá está o Al com
outra louca.

chegou a tal ponto que Al pensou
ser ele
o problema
então procurou um psiquiatra
e perguntou
e o psiquiatra disse
"você é um dos homens mais sãos
que eu já conheci".

pobre Al.

com isso ele ficou se sentindo
pior
do que nunca.

para os meus amigos da ivy league:

muitos daqueles que conheci nos circuitos de leitura ou
 dos quais me falaram nos circuitos
de leitura nos velhos tempos são agora ou professores ou
 poetas-residentes
e amealharam Guggenheims e N.E.A.s* e diversas
 outras bolsas.
bem, eu mesmo já tentei obter uma Gugg certa vez,
 ganhei inclusive um N.E.A. de modo que não
 posso
criticar o golpe
mas
você tinha que ver os caras naquela época: maltrapilhos,
 olhos   esbugalhados, vociferando
contra o sistema
agora
foram ingeridos, digeridos, polidos
escrevem resenhas para os periódicos
escrevem poesia bem trabalhada, serena, inofensiva
editam tantas das revistas que nem sei para onde eu
 deveria mandar este
poema
já que eles atacam meu trabalho com alarmante
 regularidade
e
não consigo ler os deles
porém seus ataques a mim foram eficazes neste país
e
se não fosse pela Europa eu provavelmente ainda seria
 um escritor passando fome
ou morando na rua
ou arrancando ervas daninhas no seu jardim

---

* National Endowment for the Arts. (N.T.)

ou...?

bem
você conhece o velho ditado: gosto não se
discute
e
ou eles estão certos e eu errado ou então estou certo e
 eles todos estão
errados
ou
talvez seja algo no meio disso.
a maioria das pessoas no mundo não dá a mínima
e
com frequência sinto a mesma
coisa.

ajudar os mais velhos

eu estava parado na fila do banco hoje
quando o velhinho na minha frente
deixou cair os óculos (por sorte, dentro do
estojo)
e enquanto ele se curvava
eu vi como era difícil para
ele
e falei "espera, deixa que eu
pego..."
mas enquanto eu apanhava os óculos
ele deixou cair a bengala
uma linda, negra e reluzente
bengala
e eu lhe devolvi os óculos
então resgatei a bengala
firmando o velhinho
enquanto lhe dava sua bengala.
ele não disse nada,
apenas sorriu para mim.
então se virou
para a frente.

fiquei atrás dele esperando
a minha vez.

maus momentos no hotel da 3rd com a Vermont

Alabam era um ladrão sorrateiro e ele entrou no meu
quarto quando eu estava bêbado e
toda vez que eu me levantava ele me derrubava
de novo.

seu babaca, eu disse, você sabe que apanha
de mim!

ele apenas me derrubou
outra vez.

quando ficar sóbrio, falei, vou espalhar os teus dentes
daqui até o inferno!

ele só seguiu me empurrando
pra lá e pra cá.

finalmente acertei um em cheio, bem na
têmpora
e ele recuou e
saiu.

foi uns dias depois
que eu me vinguei. comi a namorada
dele.

então desci e bati na porta
dele.

bem, Alabam, comi a tua mulher e agora vou
espalhar os teus dentes daqui até o
inferno!

o pobre coitado começou a chorar, cobriu o rosto com as
mãos e apenas chorou

fiquei ali parado observando
o cara.

e falei, me desculpa,
Alabam.

então o deixei lá, voltei ao
meu quarto.

éramos todos bebuns e nenhum de nós tinha emprego,
       tudo que tínhamos
era um ao outro.

naquele momento a minha assim chamada mulher
       estava em algum bar ou
sei lá onde, eu não a via fazia uns
dias.

ainda me restava uma garrafa de
porto.

saquei a rolha e levei o porto até o quarto do
Alabam.

falei, que tal um trago,
Rebelde?

ele levantou a cabeça, ficou de pé, bebeu duas
taças.

o Grande Plano

passando fome num inverno da Filadélfia
tentando ser escritor
eu escrevia e escrevia e bebia e bebia e
bebia
e aí parei de escrever e me concentrei na
bebida.

era outra
forma de arte.

se você não consegue se dar bem com uma coisa você
tenta outra.

claro, eu vinha praticando a
forma da bebida
desde os 15 anos
de idade.

e havia muita competição
nesse campo
também.

era um mundo cheio de bêbados e escritores e
escritores bêbados.

e assim
eu virei um bêbado faminto em vez de um escritor
faminto.

a melhor coisa era o resultado
instantâneo.
e logo virei o maior e
melhor bêbado da vizinhança e

talvez da cidade
inteira.

aquilo com absoluta certeza era melhor do que esperar
sentado as cartas de rejeição da *New Yorker* e da
Atlantic Monthly.

claro, eu nunca considerei a sério a ideia de largar
o jogo da escrita, eu só queria fazer uma
pausa de dez anos
deduzindo que se ficasse famoso cedo demais
eu não teria mais nada na reta final
e agora eu tenho,
obrigado,

com a bebida ainda
descendo.

lixo

eu tinha tomado uma surra tremenda,
eu tinha escolhido um verdadeiro touro, e por causa das
garotas e dele mesmo e só por sua
brutal energia esquiva
ele quase tinha me assassinado:
eu soube depois
que mesmo quando eu já estava apagado
ele havia chutado minha cabeça repetidas
vezes
e então havia esvaziado várias latas de lixo
em cima de mim
e então haviam me deixado ali
naquele beco.
eu era o cara de fora da cidade.

foi por volta das 6 da manhã num
domingo que eu voltei
a mim.
meu rosto era um amontoado de
feridas, crostas, coágulos, galos, calombos, meus lábios
engrossados e dormentes, meus olhos quase fechados
    de tão
inchados
mas eu me botei de pé e comecei
a caminhar;
eu via indícios do sol, casas, a calçada
trêmula enquanto eu
avançava na direção do meu quarto
então escutei sons arrastados vindos do
centro da rua
e forcei meus olhos para
focalizar e vi um
homem cambaleando

suas roupas rasgadas e ensanguentadas
ele cheirava a morte e escuridão
mas continuava andando em frente
pelo meio da rua
como se já tivesse caminhado
quilômetros
desde algum acontecimento tão horrível que
a própria mente poderia se recusar a aceitá-lo
como parte da vida.
meu impulso era ajudá-lo
e saltei do
meio-fio
e avancei ao encontro dele.
ele não conseguia me ver, ele avançava
procurando algum lugar para ir,
qualquer lugar, e
eu vi um dos olhos dele pendurado
fora da órbita,
balançando.
eu recuei.
ele era como uma criatura não pertencente à
terra.
deixei o homem
passar.
dava para ouvir os pés se afastando
atrás de mim
aqueles passos cegos
oscilando, em
agonia,
insensivelmente
solitários.

voltei à
calçada.
voltei ao meu

quarto.
subi na
cama.
caí com o rosto para cima
o teto no alto em cima de mim,
eu esperei.

meu truque do desaparecimento

quando eu enchia o saco de ficar no bar
e às vezes eu enchia
eu tinha um lugar para ir:
era um campo de capim alto
um cemitério
abandonado.
eu não via aquilo como sendo um
passatempo mórbido.
aquele só me parecia ser o melhor
lugar para estar.
ele oferecia uma generosa cura para
ressacas violentas.
através do capim dava para ver
as lápides,
muitas pendiam
em ângulos estranhos
contra a gravidade
como se precisassem
cair
mas nunca vi nenhuma
cair
embora houvesse muitas delas
no cemitério.
era fresco e escuro
com uma brisa
e várias vezes eu dormia
lá.
nunca fui
incomodado.

toda vez que eu retornava para o bar
depois de uma ausência
era sempre a mesma história com

eles:
"onde diabos você
andava? achamos que você tinha
morrido!"

para eles eu era o monstro do bar, eles precisavam de
 mim
para que se sentissem
melhor.
assim como eu, às vezes, precisava daquele
cemitério.

vamos fazer um acordo

em conjunção com
esses rios de merda
que não param de correr no meu cérebro, Capitão
Morsa, posso apenas dizer que mal consigo entendê-los
e eu rezaria
qualquer quantidade de AVE-MARIAS
para lhes dar um fim –
eu até mesmo voltaria a morar com aquela vadia do
coração de pedra só
para impedir que esses rios de merda rolem no meu
cérebro, Capitão Morsa, mas
claro
eu jamais pararia de apostar nos cavalos ou de
beber
mas
Capitão
para interromper o curso desses rios
eu prometeria nunca mais
comer ovos e
eu rasparia minha cabeça e minhas bolas, eu moraria no
estado de Delaware e eu até mesmo
me forçaria a ver até o fim qualquer filme estrelado por
qualquer membro da família
Fonda.

pense a respeito, Capitão Morsa, a
uva-passa está no bolo e o guarda-sol se dobra para
o vento oeste
preciso fazer algo a respeito de tudo
isso...
parece que nunca vai
parar.

o inferno de cada homem fica num lugar
diferente: o meu é logo acima e
atrás
do meu rosto
arruinado.

chip Intel 8088 de 16 bits

com um Apple Macintosh
você não pode rodar os programas do Radio Shack
em seu drive.
tampouco um drive de Commodore 64
consegue ler um arquivo
que você criou num
IBM Personal Computer.
os computadores Kaypro e Osborne usam ambos
o sistema operacional CP/M
mas não conseguem ler as caligrafias
um do outro
pois formatam (escrevem
em) discos de diferentes
modos.
o Tandy 2000 roda MS-DOS mas
não consegue usar a maioria dos programas produzidos
      para
o IBM Personal Computer
a menos que certos
bits e bytes sejam
alterados
mas o vento ainda sopra sobre
Savannah
e na primavera
o urubu-caçador marcha e
se pavoneia diante de suas
fêmeas.

zero

sentado aqui olhando o ponteiro de segundos do
    TIMEX dar voltas e mais
voltas...
dificilmente será uma noite memorável
sentado aqui procurando cravos na minha nuca
enquanto outros homens se lançam aos lençóis com
    bonecas   chamejantes
eu olho para dentro de mim e encontro um perfeito
    vazio.
estou sem cigarros e não tenho sequer uma arma para
    apontar.
este bloqueio de escritor é minha única posse.
o ponteiro de segundos do TIMEX ainda dá voltas e mais
voltas...
eu sempre quis ser escritor
agora sou um que não consegue ser.

poderia muito bem descer a escada e olhar um
    programa de fim de noite na tv com a esposa
ela vai me perguntar como foi
vou acenar a mão com indiferença
me acomodar ao lado dela
e ver as pessoas de vidro falhando
como eu falhei.

vou descer os degraus agora

que visão:

um homem vazio cuidando para não tropeçar e rachar
    sua cabeça
vazia.

putrefação

nos últimos tempos
ando pensando
que este país
retrocedeu
4 ou 5 décadas
e que todos os
avanços sociais
os bons sentimentos de
pessoa para com
pessoa
foram totalmente
varridos
e trocados pelas mesmas
intolerâncias
de sempre.

temos
mais do que nunca
o egoísta desejo pelo poder
o desrespeito pelos
fracos
pelos velhos
pelos empobrecidos
pelos
desamparados.

estamos trocando necessidade por
guerra
salvação por
escravidão.

desperdiçamos os
ganhos

viramos
rapidamente
menos.

temos a nossa Bomba
é o nosso medo
nossa danação
e nossa
vergonha.

agora
algo tão triste
nos domina
que
a respiração
escapa
e não conseguimos nem mesmo
chorar.

aceito...

talvez eu esteja ficando louco, não tem problema
mas esses poemas não param de despontar no alto da
    minha
cabeça com mais e mais
força. agora
depois dos oceanos de trago que já
consumi
parece evidente que o desgaste deveria
ser minha justa recompensa já que sigo
consumindo – ao passo que
os hospícios, as ruas e os cemitérios estão
cheios de gente da minha
laia –
porém toda noite quando visito esta máquina
com a minha garrafa
os poemas fulguram e saltam, sem
parar – rugindo na alegria
do poder tranquilo: 65 anos
dançando – minha boca se contorcendo num
minúsculo sorriso
enquanto estas teclas continuam emitindo
uma substancial energia de vesgo
milagre.

os deuses foram bons comigo ao longo deste
estilo de vida que teria matado
até um touro
e eu estou longe de ser um
touro.

senti desde o começo,
claro, que havia uma estranha corrosão
dentro de mim

mas nem em sonho imaginei essa
sorte
essa absoluta dádiva
divina

minha morte vai parecer no máximo
uma
ideia tardia.

supostamente famoso

nada de muito sólido nestes rosnados da madrugada,
minha esposa, coitada, no andar de baixo,
e eu o dia todo no hipódromo e
aqui a noite toda com a garrafa e
esta máquina.
minha esposa, coitada, que ela possa encontrar seu lugar
no céu.

só que também
as poucas pessoas que eu
conheci, aquelas que me pareceram ter uma
chaminha extra
certa humanidade inventiva, bem, elas
se dissolveram
mas
sendo um solitário por natureza
não esquento muito
a cabeça –
restam meus 5
gatos: Ting, Ding, Beeker, Bleeker e
Blob.
nada de muito sólido nestes rosnados da madrugada.
sou agora um
escritor supostamente
famoso
influenciando hordas de
datilógrafos.
bem
que eu gostaria de poder
rir
de tudo
isso.

a Fama é a última puta, todas as outras se
foram.

bem, a competição não tem sido
dura
mas não tenho nada com
isso: percebi tudo
muito tempo atrás enquanto
passava fome e
mijava pela
janela
enquanto atirava copos de
trago nas
paredes
de-aluguel-atrasado.

Ting, Ding, Beeker, Bleeker e
Blob.

agora a Morte é uma planta crescendo em minha
mente

nada de muito sólido nestes rosnados da madrugada.

fico triste pelos mortos e fico triste pelos vivos
mas não por meus 5 gatos ou
por minha esposa, minha esposa que vai
encontrar seu lugar no
céu.

e quanto às pessoas
dissolvidas
eu não as dissolvi, elas mesmas se
dissolveram.

e que as calçadas estejam vazias e ao mesmo tempo
cheias de pés
passando –
isso é obra do
caminho.
nada de muito sólido
enquanto
um homem toca piano
no meu rádio e
as paredes
se erguem e
baixam

e a coragem de tudo
até das pulgas
dos piolhos
da tarântula
me assombra
nestes rosnados
da madrugada.

a última dose

aqui vamos nós, mais uma vez, a última bebida, o último
poema – décadas desta esplêndida sorte – outra
    madrugada
bêbada, e não no chão da cadeia de bebuns nesta noite
    esperando que
o cafetão negro saia do telefone de modo que eu possa
    fazer minha única
ligação permitida (tantas daquelas madrugadas
    também) eu levei
um longo tempo para encontrar a pessoa mais
    interessante com
quem beber: eu mesmo, assim, agora pegando à minha
    esquerda
a última taça do Sangue do
Cordeiro.

puteiro

minha primeira experiência num puteiro
foi em Tijuana.
era uma casa enorme nos confins da
cidade.
eu tinha 17 anos, com dois amigos.
enchemos a cara para criar
coragem
aí fomos lá e
entramos.
o lugar estava lotado de
militares
principalmente
marinheiros.
os marinheiros formavam longas
filas
bradando e batendo nas
portas.

Lance entrou numa fila
pequena (as filas indicavam a
idade da puta: quanto menor a
fila mais velha a
puta)
e resolveu a
parada, saiu audaz e
sorridente: "bem, o que é que vocês
estão esperando?"

o outro cara, Jack, ele me passou
a garrafa de tequila e eu dei um
gole e passei de volta e ele
deu um gole.

Lance olhou para nós: "vou esperar
no carro, tirar minha soneca
reparadora".

Jack e eu esperamos até ele
sumir
e aí começamos a andar na direção da
saída.
Jack estava usando um grande
sombreiro
e bem na saída havia uma
puta velha sentada numa
cadeira.
ela esticou a perna
barrando nosso
caminho: "ora, meninos, dou
gostoso pra vocês e
barato!"

de algum modo aquilo deixou
Jack cagado de medo e ele
disse "meu deus, eu vou
VOMITAR!"

"NÃO NO PISO!", gritou
a puta
e sob tal aviso
Jack arrancou seu
sombreiro
e o segurando
diante de si
deve ter vomitado um
galão.

aí ele só ficou ali parado
olhando
aquilo nas mãos
e a puta
disse "fora
daqui!"

Jack correu porta afora com
seu sombreiro
e aí a puta
olhou para mim com um rosto muito
bondoso e disse:
"*barato!*" e eu entrei
num quarto com ela
e havia um homem gordo e grandalhão
sentado numa cadeira e
perguntei a ela "quem
é esse aí?"
e ela disse "ele está aqui pra
garantir que ninguém me
machuque".

e eu fui até o
homem e disse "ei, como cê
tá?"

e ele disse "bem,
señor..."

e eu disse
"você mora por
aqui?"

e ele disse "dê
o dinheiro pra
ela".

"quanto?"

"dois dólares."

dei os dois dólares
à dama
então voltei até o
homem.

"pode ser que eu venha viver
no México um dia", eu
disse a ele.

"dá o fora
daqui", ele disse,
"AGORA!"

quando passei pela
saída
Jack ainda estava ali esperando
sem seu
sombreiro
mas ele ainda estava
cambaleando
de bêbado.

"meu Jesus", eu disse, "ela foi
ótima, ela sem brincadeira botou minhas
bolas na
boca!"

nós fomos andando até o carro.
Lance estava desmaiado, nós
o acordamos e ele nos
levou
dali

de algum modo
nós passamos pela
fronteira

e rodamos todo
o caminho de volta para
L.A.

debochamos de Jack por ele ser um
virgem
cagão.
Lance debochou com
delicadeza
mas eu esbravejava
humilhando Jack por sua falta de
fibra
e não me calei
até Jack desmaiar
perto de
San Clemente.

fiquei ali ao lado de Lance
passando e repassando
a última garrafa de
tequila.

enquanto Los Angeles voava na nossa
direção
Jack perguntou "como é que
foi?"
e eu respondi
num tom de
conhecedor: "já peguei
melhores".

começando rápido

cada um de nós
às vezes
deveria
lembrar
o mais
alto
e
afortunado
momento
de
nossas
vidas.

para
mim
foi
ser
um
cara
muito jovem
e
dormir
sem nenhum centavo
e
sem nenhum amigo
sobre um
banco
de parque
numa
cidade
estranha

o que
não diz
grande coisa
de todas
as
várias
décadas
que se
seguiram.

a louca verdade

o doido de traje vermelho
vinha andando pela rua
conversando sozinho
quando um maioral num carro
esportivo
dobrou numa travessa
bem na frente do doido
que berrou "EI, MIJO DE CÃO!
MERDA DE PORCO! VOCÊ TEM AMENDOINS NO
      LUGAR DOS
MIOLOS?"

o maioral freou seu carro
esportivo, deu ré até o doido,
parou,
disse: "O QUE FOI QUE VOCÊ DISSE,
AMIGÃO?"

"eu disse 'É MELHOR
DAR NO PÉ ENQUANTO PODE,
BABACA!"

o maioral estava acompanhado de sua
namorada no carro e começou a
abrir a porta.

"É MELHOR VOCÊ NÃO SAIR DESSE
CARRO, MIOLO DE AMENDOIM!"

a porta se fechou e o carro esportivo
se foi
rugindo.

o doido de traje vermelho então
continuou andando pela
rua.

"NÃO TEM NADA EM LUGAR NENHUM",
ele disse, "E A CADA SEGUNDO TÁ
FICANDO MENOS DO QUE
NADA!"

foi um grande dia
lá na 7th Street logo depois da
Weymouth
Drive.

dirigindo no inferno

as pessoas estão exaustas, infelizes e frustradas, as
    pessoas estão
amargas e vingativas, as pessoas estão iludidas e
    temerosas, as
pessoas estão enraivecidas e pouco imaginativas,
e eu dirijo entre elas na autoestrada e elas projetam
o que resta de si mesmas no modo como dirigem –
algumas mais odientas, mais frustradas do que as outras –
algumas não gostam de ser ultrapassadas, algumas
    tentam impedir que outras
as ultrapassem
– algumas tentam bloquear trocas de faixa
– algumas odeiam carros de um modelo mais novo e
    mais caro
– outras nestes carros odeiam os carros mais velhos.

a autoestrada é um circo de emoções baratas e
    mesquinhas, é a
humanidade em movimento, seus motoristas vindo na
    maioria de algum lugar que
detestam e indo para outro que detestam na mesma
    medida ou
mais.
as autoestradas são uma lição sobre aquilo em que nos
    transformamos e
os acidentes e as mortes são na maioria uma colisão
de seres incompletos, de vidas lamentáveis e
dementes.

quando dirijo pelas autoestradas eu vejo a alma da
    humanidade da
minha cidade e ela é feia, feia, feia: os vivos sufocaram o
coração
de vez.

aos interessados:

se você se casar acham que você está
liquidado
e se você estiver sem mulher acham que você está
incompleto

grande parte dos meus leitores quer que eu
continue escrevendo sobre deitar com loucas e
profissionais de rua –
também sobre estar em cadeias e hospitais, ou
passar fome ou
vomitar até as
tripas.

concordo que a autocomplacência dificilmente rende uma
literatura imortal
mas tampouco a rende a
repetição.

para os leitores ora
deprimidos pela
crença de que sou um homem
contente –
por favor queiram se
alegrar: a aflição às vezes muda
de forma
mas
nunca termina para
ninguém.

um cara engraçado

Schopenhauer não suportava as massas,
elas o deixavam louco
mas ele era capaz de dizer
"pelo menos não sou elas"
e isso o consolava em certa
medida
e creio que um de seus textos mais divertidos
foi aquele no qual protestou contra certo homem que
inutilmente estalava seu chicote
sobre seu cavalo
destruindo completamente um raciocínio
que Arthur estava
desenvolvendo.

mas o homem com o chicote era uma parte do
todo
não importando quão aparentemente inútil e
estúpido
e pensamentos um dia geniais
muitas vezes com o tempo
se tornam inúteis e
estúpidos.

mas a fúria de Schopenhauer era tão
bela
tão bem colocada que eu ri
alto
e então
o larguei
ao lado de Nietzsche
que também era
demasiado
humano.

sapatos

quando você é jovem
um par de
sapatos de salto alto
femininos
só ali guardado
sozinho
no armário
pode incendiar seus
ossos;
quando você é velho
é só
um par de sapatos
sem
ninguém
dentro
e
dá no
mesmo.

café

eu estava tomando café no
balcão
quando um homem
3 ou 4 banquinhos abaixo
me perguntou
"vem cá, não era você o
cara que estava
pendurado pelos
calcanhares
daquele quarto de hotel
no quarto andar
outra
noite?"

"sim", eu respondi, "eu
mesmo."

"o que te levou a fazer
aquilo?", ele perguntou.

"bem, é bastante
complicado."

então ele virou a
cara.

a garçonete
que tinha ficado
ali parada
me perguntou
"ele estava brincando,
não
estava?"

"não", eu
disse.

paguei, levantei, fui
até a porta,
abri.

ouvi o homem
dizendo "esse cara é
maluco".

na rua eu fui
andando para o norte
me sentindo
curiosamente
homenageado.

juntos

EI, berrei de longe para ela
no quarto,
BEBE UM POUCO DE VINHO NO
SEU SAPATO!

POR QUÊ?, ela
gritou.

PORQUE ESSA INUTILIDADE
PRECISA DE UM POUCO DE
RISCO!,
bradei
de volta.

EI, bateu na parede
o cara do apartamento
ao lado, EU PRECISO LEVANTAR
DE MANHÃ PRA IR
TRABALHAR ENTÃO PELO AMOR
DE DEUS, CALEM
A BOCA!

ele não quebrou a parede
por um triz e tinha uma
voz
poderosíssima.

eu fui até
ela, falei, seguinte, vamos
ficar quietos, ele tem seus
direitos.

VAI SE FODER, BABACA!,
ela gritou
para mim.

o cara começou a socar
a parede
outra vez.

ela tinha razão e ele tinha
razão.

transportei a garrafa até
a janela e
contemplei a noite
lá fora.

então dei um bom e vigoroso
gole
e pensei, estamos todos
condenados
juntos, é só o que se pode
dizer
disso. (era só o que se podia
dizer daquele gole em particular, assim
como de todos os
outros.)

então voltei
até ela e
ela estava adormecida em
sua
cadeira.

eu a carreguei até
a cama

desliguei as
luzes
então me sentei na
cadeira junto à
janela
sugando a garrafa, pensando,
bem, cheguei
até aqui
e já é
bastante.

e agora
ela está dormindo
e
talvez
ele também
consiga.

o melhor da raça

não há nada para
discutir
não há nada para
lembrar
não há nada para
esquecer

é triste
e
não é
triste

parece que a
coisa
mais sensata
que uma pessoa pode
fazer
é
sentar
com bebida na
mão
enquanto as paredes
acenam
seus sorrisos
de adeus

a gente sobrevive
a
tudo
com certa
dose de
eficiência e
bravura

e aí
se manda

alguns aceitam
a possibilidade de que
Deus
os ajude
a
superar

outros
encaram
de frente

e à saúde destes

eu bebo
esta noite.

perto da grandeza

em certa fase da minha vida
conheci um homem que alegava ter
visitado Pound no St. Elizabeths.

depois conheci uma mulher que não apenas
alegava ter visitado
E.P.
como também ter feito amor
com ele – ela até me
mostrou
certos trechos dos
Cantos
em que Ezra supostamente a
teria
mencionado.

eis então aquele homem e
aquela mulher
e a mulher me disse
que Pound jamais
mencionara uma visita daquele
homem
e o homem alegava que a
dama não tivera contato algum
com o
mestre
que ela era
uma charlatona.

e como eu não era
um erudito poundiano
eu não sabia em quem
acreditar

mas
de uma coisa eu
sei: quando um homem está
vivo
muitos alegam relacionamentos
que dificilmente
o são
e depois que ele morre, bem,
aí a festa é
liberada.

meu palpite é que Pound
não conheceu nem a dama nem o
cavalheiro

e se conheceu
um
ou conheceu
ambos

então foi um vergonhoso desperdício de
tempo no
manicômio.

a passada

Norman e eu, ambos aos 19, passeando pelas ruas da noite... nos sentindo grandes, jovens jovens, grandes e jovens

Norman disse "Deus do céu, aposto que ninguém caminha com passadas gigantes que nem a gente!"

1939
depois de ter ouvido
Stravinsky

não muito
depois,
a guerra pegou
Norman.

agora estou sentado aqui
46 anos depois
no segundo andar de uma quente
uma da manhã

bêbado

ainda grande
não
tão jovem.

Norman, você jamais
adivinharia
o que
aconteceu
comigo
o que

aconteceu
com todos
nós.
eu lembro o seu
ditado: "construa ou
destrua".

não aconteceu e não
acontecerá
nem uma coisa nem outra.

história final

meu deus, lá está ele bêbado de novo
contando as mesmas histórias de sempre
outra e outra vez
enquanto o pressionam por
mais – alguns nada mais
tendo para fazer, outros
secretamente escarnecendo
daquele
grande escritor
balbuciando
babando
em seu bigodinho
branco
de rato
falando sobre
guerra
falando sobre as
guerras
falando sobre os bravos
peixes
as touradas
até sobre suas esposas.

as pessoas
entram no
bar
noite após noite
para ver o mesmo
espetáculo de sempre
que um dia ele
terminará
sozinho

espalhando seus miolos
pelas paredes.

o preço da criação
nunca é
alto demais.

o preço de viver
com outras pessoas
sempre
é.

amigos em meio à escuridão

eu me lembro de passar fome num
quartinho numa cidade estranha
cortinas baixadas, ouvindo
música clássica
eu era jovem eu era tão jovem que doía como uma faca
por dentro
porque não havia alternativa exceto ficar escondido
     pelo maior
tempo possível –
não por autopiedade mas com desalento sob minhas
     chances   limitadas:
tentando me conectar.

os velhos compositores – Mozart, Bach, Beethoven,
Brahms eram os únicos que me diziam alguma coisa e
eles estavam mortos.

por fim, faminto e derrotado, precisei sair
às ruas e ser entrevistado para empregos
monótonos
de baixa remuneração
por homens estranhos atrás de mesas
homens sem olhos homens sem rostos
que pegavam as minhas horas
e as destruíam e
mijavam nelas.

agora eu trabalho para os editores os leitores os
críticos

mas ainda bato papo e bebo com
Mozart, Bach, Brahms e o
Bee

que amigões
que homens
às vezes tudo de que precisamos para poder continuar
    sozinhos
são os mortos
chocalhando as paredes
que nos encerram.

a morte sentou no meu colo e rachou de rir

eu estava escrevendo três contos por semana
e os enviando à *Atlantic Monthly*
todos voltavam.
meu dinheiro era para selos e envelopes
e papel e vinho
e fiquei tão magro que eu costumava
chupar minhas bochechas
para dentro
e elas se tocavam por cima da minha
língua (foi então que pensei sobre a
Fome de Hamsun – na qual ele comia sua própria
carne; uma vez experimentei morder meu pulso
mas era muito salgado).

de todo modo, certa noite em Miami Beach (não
faço a menor ideia do que é que eu estava fazendo
      naquela
cidade) eu não comia fazia 60 horas
e peguei meus últimos centavos
famintos
fui até a venda da esquina e
comprei um pão.
meu plano era mastigar cada fatia lentamente –
como se cada uma fosse uma fatia de peru
ou um suculento
bife
e voltei para o meu quarto e
abri o embrulho e as
fatias de pão estavam verdes
e bolorentas.

nada de festa para mim.

eu simplesmente larguei o pão no
chão
e me sentei naquela cama refletindo sobre
o bolor verde, a
decadência.

meu dinheiro de aluguel já estava gasto e
eu escutava todos os sons
de todas as pessoas naquela
pensão

e no chão estavam
as dezenas de contos com as
dezenas de cartas de rejeição da
Atlantic Monthly.

era cedo da noite e eu
desliguei a luz e
fui me deitar e
não demorou até que eu
escutasse os camundongos saindo,
pude ouvi-los rastejando sobre os meus
contos imortais e
comendo o
pão verde bolorento.

e de manhã
quando acordei
vi que
tudo que restava do
pão
era o bolor
verde.

eles haviam comido até o
limite do bolor
deixando
nacos
em meio aos contos e às
cartas de rejeição
enquanto eu ouvia o som do
aspirador de pó da minha
senhoria
batendo ao longo do
corredor
lentamente se aproximando da minha
porta.

isso mesmo

meu queixo
anda tão caído
nos últimos tempos
que às vezes quando eu
me curvo para
amarrar meus sapatos
vejo
três
línguas.

O tempora! O mores!

venho recebendo revistas de mulherzinha no correio
 porque
estou escrevendo contos para elas de novo
e aqui nestas páginas aparecem essas damas
expondo suas caixas de joias –
parece mais um periódico de
ginecologia –
tudo descarada e clinicamente
exposto
sob fisionomias insípidas e entediadas.
é um brochante de gigantescas
proporções:
o segredo está na imaginação –
elimine isso e você terá carne
morta.

um século atrás
um homem podia ser levado à loucura
por um tornozelo
bem torneado, e
por que não?
você podia imaginar
que o resto
seria
mágico
sem dúvida!

agora nos empurram tudo como se fosse
um hambúrguer do McDonald's
numa bandeja.

não há praticamente nada mais lindo do que
uma mulher de vestido longo

nem mesmo o nascer do sol
nem mesmo os gansos voando para o sul
na longa formação em V
na brilhante frescura
da manhã.

o falecimento de um grande homem

ele era o único escritor vivo que conheci e
      verdadeiramente
admirava e ele estava morrendo quando o
conheci.
(neste esporte somos retraídos nos louvores até mesmo
      para com
quem o pratica muito bem, mas nunca tive esse
problema com J.F.)
eu o visitei diversas vezes no
hospital (nunca havia ninguém por
perto) e ao entrar no quarto
eu nunca tinha certeza se ele estava adormecido
ou?

"John?"

ele estava estirado ali na cama, cego
e amputado:
diabetes
avançada.

"John, é o
Hank..."

ele respondia e aí nós conversávamos por
um breve tempo (quase sempre ele falava e eu
ouvia: afinal, ele era o nosso mentor, nosso
deus):

Pergunte ao pó
Espere a primavera, Bandini
Dago Red

todos os outros.

ir parar em Hollywood escrevendo
roteiros de cinema
foi isso que o
matou.

"a pior coisa", ele me disse,
"é a amargura, as pessoas acabam tão
amargas."

ele não estava amargo, embora tivesse
total direito de
estar...

no enterro eu
encontrei vários de seus coleguinhas
roteiristas.

"que tal a gente escrever algo sobre
o John", um deles
sugeriu.

"acho que não consigo", eu
disse a eles.

e, claro, eles nunca
escreveram.

o vinho da eternidade

relendo um pouco do
Vinho da juventude de Fante
na cama
no meio desta tarde
meu grande gato
BEAKER
adormecido ao meu
lado.

a escrita de certos
homens
é como uma ponte vasta
que nos leva
por cima
das muitas coisas
que arranham e dilaceram.

as puras e mágicas
emoções de Fante
se firmam na frase
simples e
clara.

que esse homem tenha morrido
uma das mortes mais lentas e
mais horríveis
de que já fui testemunha ou
ouvi
falar...

os deuses não têm
favoritos.

larguei o livro
ao meu lado.

livro num lado,
gato no
outro...

John, conhecer você,
mesmo do jeito como
foi foi o acontecimento da minha
vida. não posso dizer
que eu teria morrido por
você, eu não teria conseguido
me sair tão bem.

mas foi bom te ver
de novo
nesta
tarde.

verdade

um dos melhores versos de Lorca
é
"agonia, sempre
agonia..."

pense nisso quando você
matar uma
barata ou
pegar uma navalha para
se barbear

ou despertar na manhã
para
encarar o
sol.

Glenn Miller

muito tempo atrás
na frente do campus
na sorveteria
a juke-box tocando
as garotas em sintonia perfeita
dançando com os jogadores de futebol
e com os rapazes brilhantes da faculdade

Glenn Miller era o grande sucesso
e todo mundo entrava na dança
quase todo mundo
eu ficava sentado com alguns discípulos
éramos supostos foras da lei
os exploradores da Verdade
mas eu gostava da música
e da preguiça da espera
com o mundo se lançando em guerra
com Hitler arengando
as garotas rodopiavam
graciosas
pernas à mostra
aquele último sol brilhante
nós nos aquecíamos nele
excluindo tudo mais
enquanto o universo abria sua boca
numa tentativa de
engolir todos nós.

Emily Bukowski

minha avó sempre frequentava o culto de Páscoa
ao nascer do sol
e o desfile de ano-novo
do Rose Bowl.

ela também gostava de ir à
praia, sentar naqueles bancos
de frente para o mar.

ela achava que os filmes eram
pecaminosos.

ela devorava pratos com montanhas de
comida.

ela rezava por mim
constantemente.

"pobre menino: o diabo está no
seu corpo."

dizia que o diabo estava no
corpo do marido dela
também.

embora não fossem divorciados
os dois viviam
separadamente
e não tinham visto um ao
outro
por 15 anos.

ela dizia que hospitais eram
bobagem

nunca se valia deles
ou
de médicos.

aos 87
morreu certa noite
enquanto alimentava o
canário.

ela gostava de
soltar o alpiste
na gaiola
enquanto fazia uns
barulhinhos
de pássaro.

ela não era muito
interessante
mas poucas pessoas
são.

algumas sugestões

além da inveja e do rancor de alguns dos
meus pares
tem a outra coisa, vem por telefone e
carta: "você é o maior escritor vivo
do mundo".

isso tampouco me agrada porque de certo modo
acredito que para ser o maior escritor vivo
do mundo
deve haver algo de
terrivelmente errado com você.

não quero ser sequer o maior escritor
morto do mundo.

só estar morto já seria bastante
justo.

e também a palavra "escritor" é uma palavra muito
enfadonha.

imagine só como seria bem mais agradável
escutar:
você é o maior jogador de sinuca
do mundo
ou
você é o maior comedor
do mundo
ou
você é o maior apostador de hipódromo
do mundo.

isso
sim
faria um homem
se sentir realmente
bem.

invasão

eu não sabia que
havia algo
no closet
embora em certas noites
meu sono fosse
interrompido por estranhos
sons retumbantes
mas
sempre achei
que fossem
leves
terremotos.

o closet era
o que ficava
no fim do corredor
e
raramente era
usado.

o curioso
para mim
era que
os gatos
(eu tinha
4)
pareciam estar
deixando
enormes
excrementos
pela casa
(e eles eram
domesticados).

então
os gatos
desapareceram
um por
um
mas os excrementos
frescos
continuaram
aparecendo.

foi certa noite
enquanto eu
lia as
cotações
da bolsa de valores
que eu
ergui a cabeça

e
lá estava
o
leão
no vão da porta
do quarto.

eu estava
na cama
acomodado
em
alguns
travesseiros
e bebendo um
chocolate
quente.

ora
ninguém
acreditaria
num leão
em um
quarto –
pelo menos
não
numa cidade
de algum
tamanho.

portanto
fiquei apenas
olhando para o
leão
sem
acreditar
muito.

então
ele se virou e
desceu a
escada.

eu
o segui –
uns bons
cinco metros
atrás –
segurando firme meu
taco de beisebol
numa
das mãos

e minha
faca de lâmina curta
na
outra.

observei o
leão descendo a
escada
e depois
atravessando a sala
da frente

ele parou
diante das grandes
portas
deslizantes
de vidro recozido
que davam para o
pátio e a
rua.

elas estavam
fechadas.

o leão
emitiu um
rosnado
impaciente

e
saltou através do
vidro
estilhaçando a porta
para entrar na
noite.

eu me sentei
no sofá
no
escuro
ainda incapaz
de acreditar
naquilo
que eu
vira.

então
escutei
um grito
de tão extremo
sofrimento e
terror
que
por um
momento
não consegui
nem
ver
nem respirar nem
compreender.

eu me levantei,
voltei para
me entrincheirar
no
quarto
e o que vi foram
3 pequenos
filhotes de leão
tropeçando

escada
abaixo –
felinos
fofos
e diabólicos.

enquanto a
mãe
retornava
pela
noite e pela
porta de vidro
estilhaçada

meio arrastando
meio carregando
um homem
ensanguentado
ao longo do
tapete
deixando um
rastro
vermelho

os filhotes
se precipitaram
em frente
e a
lua
entrou na casa
para iluminar
o
turbilhonante
banquete.

tempos difíceis

quando desci do meu carro no cais
dois homens começaram a caminhar na minha
direção.
um parecia velho e mau e o outro era
grande e sorridente.
ambos usavam
quepes.
eles continuaram andando na minha direção.
eu me preparei.

"tem algo incomodando vocês?"

"não", disse o cara
velho.
ambos pararam.
"você não se lembra da gente?"

"não tenho certeza..."

"nós pintamos a sua casa."

"ah, sim... venham comigo, eu pago uma cerveja pra
vocês..."

nós fomos até um café.

"você foi um dos caras mais legais pra quem a gente
já trabalhou..."

"é?"

"é, você ficava nos trazendo cerveja..."

nós ocupamos uma daquelas mesas rústicas
com vista para o porto. nós
sugamos as nossas
cervejas.

"você ainda mora com aquela mulher
novinha?", perguntou o cara
velho.

"moro. como andam vocês?"

"não tem trabalho agora..."

tirei uma nota de dez e entreguei para o
velho.

"olha só, eu esqueci de dar gorjeta pra vocês..."

"obrigado."

ficamos ali com a nossa cerveja.
as fábricas de conserva haviam fechado.
o estaleiro havia falido
e estava
no processo de
desmonte.
San Pedro tinha voltado aos
anos 30.

eu terminei minha cerveja.

"bem, rapazes, preciso ir."

"pra onde você vai?"

"vou comprar uns peixes..."

eu saí andando na direção do mercado de peixes,
me virei na metade do caminho
mandei para eles
um polegar pra cima
com a mão direita.

ambos tiraram seus quepes e
os acenaram.
eu ri, me virei, saí
andando.

às vezes é difícil saber
o que
fazer.

aposta arriscada

claro, eu tinha perdido bastante sangue
talvez fosse um jeito diferente de
morrer
mas eu ainda tinha o suficiente para refletir
sobre
a ausência de medo.

ia ser fácil: eles haviam
me colocado numa ala especial que tinham
naquele lugar
para os pobres que estivessem
morrendo.
– as portas eram um pouco mais grossas
– as janelas um pouco menores
e havia muita
entrada e saída de
corpos sobre rodas
mais
a presença do padre
dando a extrema-
unção.

você via o padre toda hora
mas raramente via um
médico.

era sempre legal ver uma
enfermeira –
elas bem que tomavam o lugar dos
anjos
para quem
acreditava nesse tipo de
coisa.

o padre ficava me enchendo o saco.

"não leve a mal, padre, mas eu
prefiro morrer sem
isso", sussurrei.

"mas no seu formulário de entrada você
se declarou 'católico'."

"isso foi só pra ser
sociável..."

"meu filho, uma vez católico, sempre
católico!"

"padre", eu sussurrei, "isso não é
verdade..."

a coisa mais legal naquele lugar eram
as garotas mexicanas que entravam para
trocar os lençóis, elas davam risadinhas,
gracejavam com os moribundos e
eram
lindas.

e a pior coisa foi
a Banda do Exército da Salvação que
apareceu às
5:30
na manhã de páscoa
e nos impôs o velho
sentimento religioso – cornetas e tambores
e tudo mais, percussão
e metais

abundantes, tremendo volume
havia uns 40
naquele recinto
e aquela banda
liquidou uns bons
10 ou 15 de nós pelas
6 da manhã

e todos foram despachados na hora
pelo elevador do necrotério
no lado oeste, um elevador
muito ativo.

permaneci na sala de espera da Morte por
3 dias.
vi perto de cinquenta sendo
despachados.

finalmente eles cansaram de esperar
por mim
e me despacharam
daquele lugar.

um simpático negro homossexual
me empurrou
pela saída.

"quer saber quais são as chances de
sair daquela ala?",
ele perguntou.

"quero."

"uma em 50."

"caramba,
você tem
cigarros?"

"não, mas posso te conseguir
alguns."

fomos rodando
enquanto o sol dava um jeito de penetrar pelas
janelas de arame entrelaçado
e eu começava a pensar
naquela primeira bebida quando
eu chegasse
lá fora.

concreto

ele tinha organizado a
leitura

ele era um dos principais praticantes
da poesia concreta
e depois da minha leitura eu
subi até o local onde ele
morava

sua casa ficava no alto das
montanhas e
nós bebemos e contemplamos pela grande
janela os enormes
pássaros
voando

planando na maioria

ele disse que eram águias
(talvez ele estivesse me
logrando)

e sua esposa tocou o
piano

um pouco de
Brahms

ele não falou
muito

ele era um homem
concreto

sua esposa era
belíssima

e o modo como as águias
planavam

isso era belíssimo
também

então chegou o crepúsculo

então chegou a noite

e não dava mais para ver as
águias

tinha sido uma leitura
vespertina

nós bebemos até uma
da manhã

então entrei no meu carro e
d
  e
    s
      c
        i
a estrada estreita e
sinuosa

eu estava bêbado demais para temer o
perigo

quando cheguei à minha casa eu
bebi duas garrafas de
cerveja e fui me
deitar.

então o telefone
tocou

era a minha
namorada

ela tinha ficado ligando a noite
toda

ela estava furiosa

ela me acusou de fornicar com
outra

eu falei das belíssimas
águias

de como elas planavam

e que eu estivera com um homem
concreto

conta outra
ela disse
e
desligou

eu me estirei ali
contemplei o teto e
me perguntei o que é que as águias
comiam

então o telefone tocou
de novo

e ela perguntou

por acaso o homem concreto tinha uma
esposa concreta e por acaso você enfiou seu
pau nela?

não
eu respondi
eu trepei com uma
águia

ela desligou
de novo

poesia concreta
eu pensei
que diabos é
isso?

então fui dormir e
dormi e
dormi.

Alegre Parri

os cafés em Paris são bem como você imagina
que são:
pessoas muito bem-vestidas, esnobes, e
o garçom-esnobe vem e anota o seu
pedido
como se você fosse um
leproso.
mas depois de tomar o seu vinho
você se sente melhor
você mesmo começa a se sentir um
esnobe
e lança para o cara da mesa ao lado
um olhar de soslaio
ele flagra o seu olhar e
você torce o nariz
meio como se você tivesse acabado de cheirar
merda de cachorro
então você
desvia o olhar.

e a comida
quando chega
tem sempre um sabor suave demais.
os franceses são delicados com seus
temperos.

e
enquanto vai comendo e bebendo
você percebe que todo mundo está
aterrorizado:

que pena
que pena

uma cidade tão adorável
cheia de
covardes.

então
mais vinho gera mais
percepção:
Paris é o mundo e o mundo
é
Paris.

beba à saúde disso
e
por causa
disso.

achei o gosto do troço pior do que de costume

eu costumava beber com Jane
toda noite
até duas ou
três
da manhã

e eu precisava
me apresentar no
trabalho
às 5:30
da manhã

certa manhã
eu estava sentado
encaixotando correspondência
perto de um
sujeito
saudável e
religioso

e ele disse
"ei, tô sentindo
um *cheiro*, você
não?"

eu respondi
negativamente.

"na verdade", ele disse,
"o cheiro é meio parecido
com
gasolina."

"bem", eu disse a
ele, "não acenda um
fósforo porque
eu posso
explodir."

a lâmina

não havia estacionamento perto da agência dos correios
         onde
eu trabalhava à noite
então encontrei um lugar esplêndido
(ninguém parecia gostar de estacionar ali)
numa estrada de chão atrás de um
matadouro
e ali sentado no meu carro
pouco antes do trabalho
fumando um último cigarro
eu era entretido com a mesma
cena
enquanto cada noitinha afundava em
noite –
os porcos eram pastoreados para fora dos
cercados
e ao longo de rampas
por um homem fazendo sons de porco e
agitando uma grande lona
e os porcos corriam alucinados
pela rampa
rumo à lâmina
que os esperava,
e várias noites
depois de ver aquilo
depois de terminar meu
cigarro
eu simplesmente ligava o carro
recuava dali e
acelerava para longe do meu
emprego.

meu absentismo atingiu tão espantosas
proporções
que precisei afinal
estacionar
a certo custo
atrás de um bar chinês
onde tudo que eu podia ver eram minúsculas janelas
fechadas
com letreiros em neon anunciando certa
libação
oriental.

parecia menos real, e era disso
que se
precisava.

o furúnculo

eu estava me dando bem com as garotas na linha de
 montagem na
Nabisco, eu tinha pouco antes arrebentado a cara do
 valentão da
empresa
no meu horário de almoço,
as coisas estavam indo bem, eu era de outra
cidade, o estranho que raramente conversava com
alguém, eu era o personagem misterioso, eu era o
fodão,
quase todas aquelas mocinhas tinham interesse
por mim
e os caras não sabiam
que diabos.

aí certa manhã eu acordei no meu
quarto
com um vasto furúnculo num lado da
minha cabeça (bochecha direita)
e
a desgraça tinha quase o tamanho de uma
bola de golfe.

eu devia ter tirado licença médica
mas
não tive o bom senso e
fui trabalhar
mesmo assim.

aquilo fez a diferença: os olhos das mulheres
evitavam os meus, e os caras
já não se comportavam com temor
e eu me senti derrotado pelo
destino.

o furúnculo permaneceu
por
2 dias
3 dias
4 dias.

no quinto dia o capataz me entregou
meus documentos: "estamos cortando pessoal, você
já era".

isso foi uma hora antes
do almoço.

eu fui até o meu armário, abri,
tirei meu avental e meu quepe
joguei os dois ali dentro
junto com a
chave e saí
caminhando

uma caminhada verdadeiramente horrível
até a rua
onde me virei
para trás e olhei o prédio
com a sensação de que eles haviam
descoberto
algo
medonhamente indecente
a meu respeito.

não registrado

meu cavalo era o cinza
com chance de 4 para um
com largada veloz
e ele tinha um comprimento e
meio
na reta final
com três quartos percorridos
quando sua perna dianteira esquerda
estalou
e ele tombou
arremessando seu jóquei
por cima do pescoço e da
cabeça.
por sorte
os corredores se esquivaram tanto
do cavalo quanto do
jóquei – que
se levantou e se afastou mancando
dos coices do
animal.

potencial de acidente:
eis algo
não registrado
no Programa das Corridas.

no clube
eu vi Harry
parado num canto
distante.
ele era um ex-
agente de jóqueis
agora trabalhando como

treinador
mas não tendo
lá muitas montarias
para treinar.

estava escondido atrás dos
óculos escuros
com aspecto
terrível.

"você foi no cinza?",
eu perguntei.

"é", ele disse,
"pesado..."

"você precisa de uma transfusão,
não é muito, mas..."

eu enfiei
3 notas dobradas
de 20 no bolso do
casaco dele.

"valeu", ele
disse.

"aposta num bom."

Harry já tinha feito
coisas legais por mim
e de todo modo
ele era um dos
melhores
batalhando uma pequena vantagem

numa das mais sangrentas
atividades
que há: estamos tentando
vencer as porcentagens
e a cada dia
alguns precisam cair
de modo que
outros possam
avançar. (o hipódromo é igual
a qualquer outro lugar
só que ali
isso costuma acontecer
mais
depressa.)

eu fui pegar
um café.
gostei da corrida seguinte
uma disputa de três quartos de milha para
não vencedores de
duas.

um bom acerto
colocaria os deuses no
lugar
e curaria
tudo
num clarão
glorioso...

não sou misógino

cada vez mais
recebo cartas de
jovens damas:

"tenho 19 anos e corpo bem-feito
estou sem emprego no momento e
sua escrita me
excita
sou boa dona de casa
e secretária e
eu *jamais* o
atrapalharia
e
eu poderia mandar uma
foto mas isso é
tão cafona..."

"tenho 21 anos
alta e atraente
li os seus livros
trabalho para um
advogado e
quando você passar pela
cidade
por favor me ligue."

"nós nos conhecemos
depois da sua leitura
no Troubadour
passamos uma noite
juntos
você se lembra?
eu me casei

com aquele homem
que segundo você tinha uma
voz maldosa
quando você ligou e
ele atendeu
estamos divorciados agora
eu tenho uma
garotinha
de 2 anos
não trabalho mais no
ramo da
música mas
sinto falta
gostaria de
ver você
outra vez..."

"eu li
todos os seus livros
tenho 23 anos
não muito
seio
mas tenho ótimas
pernas
e
bem poucas
palavras
suas
seriam
tão importantes
para mim..."

garotas
por favor deem seus
corpos e suas

vidas
para os jovens rapazes
que
os merecem

além do mais
em hipótese
alguma
eu acolheria de bom grado
o
intolerável
maçante
e disparatado inferno
que vocês criariam
aqui

e
lhes desejo
sorte
na cama
e
fora dela

mas não
na
minha

muito
obrigado.

a dama do castelo

ela morava numa casa
que parecia um
castelo
e quando você entrava
os tetos eram tão absolutamente
altos
e eu era pobre
e aquilo tudo
me fascinava
bastante.

ela
já não era
jovem
mas tinha
volumosos
cabelos
que praticamente
desciam até os
tornozelos
e
eu pensava em
como seria
estranho
transar
em meio a todo aquele
cabelo.

fui até lá
diversas vezes
no meu velho
carro
e ela tinha refinadas

bebidas para
servir
e ficávamos sentados
mas eu nunca
conseguia chegar efetivamente
perto dela
e embora eu não
forçasse
nada
algo na ideia de
não
nos conectarmos
de fato machucava o meu
ego
pois por mais feio que eu fosse
eu sempre havia
tido sorte com as
mulheres.

isso me confundia
e creio que
eu precisava
daquilo.

ela gostava de
falar sobre
as artes e
sobre
criação cinematográfica
e ouvir
tudo aquilo
só me fazia
beber
mais.

por fim
eu
simplesmente
desisti
dela
e um bom ano
ou algo assim
havia passado
quando
certa noite
o telefone
tocou: era a
dama.

"eu quero ir aí ver
você", ela disse.

"estou escrevendo agora, pegando
fogo... não posso receber
ninguém..."

"eu só quero fazer uma
visita, não vou incomodar você,
vou só ficar no sofá,
vou dormir no sofá,
não vou incomodar você..."

"NÃO! MEU DEUS DO CÉU,
NÃO POSSO RECEBER NINGUÉM!"

eu desliguei.

a dama que estava *efetivamente*
no sofá
disse "ah, você está todo
MOLE agora!"

"é."

"vem aqui..."

ela envolveu meu pênis
com a mão
botou a língua
para fora
e aí
parou.

"o que você está escrevendo?"

"nada... estou com bloqueio de
escritor..."

"só podia... seus canos estão
entupidos... você precisa de uma
esvaziada..."

então ela botou meu pau na
boca

e aí o telefone tocou
de novo...

furioso
eu corri até o
telefone
e
atendi.

era a dama do
castelo:

"escuta, não vou incomodar você,
você nem vai notar a minha
presença..."

"SUA PUTA, EU TÔ GANHANDO UM
BOQUETE!"

eu desliguei e
voltei.

a outra dama estava indo
em direção à
porta.

"qual é o problema?", eu
perguntei.

"eu DETESTO essa
palavra!"

"que palavra?"

"BOQUETE!", ela
gritou.

ela bateu a porta e
foi embora...

eu fui até onde estava
a máquina de escrever
coloquei uma folha nova
no rolo.
era uma
da manhã.

fiquei ali sentado e
bebi scotch e
cerveja pra tirar o gosto
fumei charutos
baratos.

3:15 da manhã
ainda estava sentado
ali
reacendendo velhos
tocos de charuto e
bebendo ale.

a folha
nova continuava
em branco.

eu desliguei as
luzes
me arrastei na direção
do quarto
tratei de me atirar na
cama
roupas ainda
no corpo

dava para ouvir a água da privada
correndo
mas eu não conseguia me levantar
para fechar a alavanca
e dar fim àquele
som

meus malditos canos estavam
entupidos.

implacável como a tarântula

não vão deixar você
ocupar uma mesa de frente
num café qualquer na Europa
sob o sol do meio da tarde.
se você fizer isso, alguém vai
passar de carro e
pulverizar as suas tripas com uma
submetralhadora.

não vão deixar você
se sentir bem
por muito tempo
em lugar algum.
as forças não vão
deixar você ficar à toa
coçando o saco e
relaxando.
você precisa agir
como eles mandam.

os infelizes, os amargos e os
vingativos
precisam manter o
vício – que é
ver você ou alguém
qualquer um
em sofrimento, ou
melhor ainda
morto, jogado em algum
buraco.

enquanto existirem
seres humanos por aí

nunca existirá
nenhuma paz
para nenhum indivíduo
nesta terra (ou
em qualquer outro lugar
para onde eventualmente
alguém possa escapar).

tudo que você pode fazer
é talvez obter
dez minutos de sorte
aqui
ou talvez uma hora
ali.

algo
está trabalhando contra você
neste exato momento, e
me refiro a você
e ninguém senão
você.

a noite deles

nunca consegui ler *Suave é a
noite*
mas fizeram uma
adaptação televisiva do
livro
e ela está passando
faz várias
noites
e tenho dedicado
dez minutos
aqui e ali
acompanhando as tribulações
dos ricos
enquanto eles se recostam
em suas cadeiras de praia
em Nice
ou passeiam por seus
amplos aposentos
bebida na mão enquanto
fazem
declarações
filosóficas
ou
dando vexame
no
jantar social
ou no
jantar dançante
eles realmente não fazem a menor
ideia
do que fazer consigo
mesmos:
nadar?

tênis?
subir de carro
o litoral?
descer
o litoral?
achar
camas novas?
se desfazer das
velhas?
ou
foder com as
artes e os
artistas?

não tendo nada para
enfrentar
eles não têm nada para
defender.

os ricos são diferentes
são mesmo

assim como o lêmure-
da-cauda-
anelada e a
pulga-
do-mar.

hein?

na
Alemanha França Itália
eu posso caminhar pelas ruas e ser
seguido por
rapazes rindo
mocinhas
dando risadinhas e
velhas
damas empinando seus
narizes...

ao passo que
na América
sou só mais um
velho
cansado
fazendo seja lá o que
os velhos cansados
fazem.

ah, isso tem suas
compensações:
posso levar minhas calças
à lavanderia ou
entrar numa
fila de supermercado
sem nenhum tumulto em
absoluto:
os deuses me concederam
um doce
anonimato.

mas
por vezes
considero a sério minha
fama ultramarina
e
a única coisa
que me vem à cabeça é
que
devo ter uns
tradutores
bons pra caralho.

decerto
devo a eles
os pelos do meu
saco
ou
possivelmente

meu próprio

saco.

é engraçado, não é? #1

nós estávamos ali de pé
numa festa de aniversário
num restaurante
chique

e
havia
muitas pessoas especiais
em volta
pavoneando sua
fama.

eu queria sair
correndo

quando um homem
parado perto de nós
disse algo
exatamente apropriado
para a
ocasião.

"ei", eu disse à
minha esposa, "esse
cara vale a
pena. quando formos
sentar
vamos tentar
sentar perto
dele."

fizemos isso e enquanto
as bebidas eram

servidas
o homem começou
a falar

ele começou uma
longa história
que estava
se encaminhando para uma
frase
de efeito.

o problema
era que
eu já adivinhava
qual
iria ser
a
frase de efeito.

e
ele falou
e
falou

e aí
soltou a
frase.

"que merda", eu
disse a ele, "essa
foi horrível, você
realmente
me
decepcionou..."

ele
apenas começou
a contar outra
história.

eu fui até
outra mesa
e parei atrás
do agora
grande
astro do cinema.

"olha só,
quando nós nos
conhecemos
você não passava de um amável
garoto alemão.
agora
você se transformou
num
otário
presunçoso. você
realmente
me
decepcionou."

o grande astro do
cinema (que era um
homem
de poderosa
musculatura) rosnou
e
deu de
ombros.

aí eu fui até
a mesa
onde a dama aniversariante estava
sentada
cercada por
um monte de
gente da
mídia.

"olhar pra
vocês", eu disse, "me dá
vontade de
vomitar
em cima das
suas
ineptas
plausibilidades!"

"ah", disse a dama
para seus
convidados, "ele
sempre fala
desse
jeito!"

e ela deu uma
risada, pobre
coitada.

então
eu disse "Feliz
aniversário,
mas
eu tinha avisado

a você que nunca deveria
me convidar para essas
coisas."

aí
eu retornei à
minha mesa

gesticulei para o garçom
trazer
mais uma
bebida.

o homem
estava contando
mais uma
história

mas
ela não era nem
de longe
tão boa
quanto

esta
aqui.

é engraçado, não é? #2

quando éramos meninos
atirados pelo gramado
de barriga
no chão

falávamos com frequência
sobre
como
gostaríamos de
morrer

e
todos
concordávamos no
mesmo
ponto:

todos
gostaríamos de morrer
fodendo

(embora
nenhum de nós
já tivesse
fodido com
alguém)

e agora
que
não somos mais
nem um pouco
meninos

pensamos mais
sobre
como
não
morrer

e
embora
estejamos
prontos

quase todos
nós
preferiríamos
morrer
sozinhos

sob os
lençóis

agora
que

quase todos
nós

já fodemos
com as nossas
vidas.

a belíssima editora

ela era uma mulher belíssima, eu costumava ver
    fotografias
dela nas revistas literárias daquele
tempo.

eu era jovem mas estava sempre sozinho – eu sentia que
    precisava de
tempo para realizar algo e a única coisa que me
    permitia comprar tempo
era a
pobreza.

eu trabalhava não tanto com técnica mas mais com
    registrar
aquilo que me empurrava rumo à beira da loucura – e
    eu tinha
lampejos de sorte, mas estava longe de ser uma
    existência
prazerosa.

acho que dei mostras de uma bela resistência mas aí
    lentamente
a saúde e a coragem começaram a ir pelo ralo.

e chegou a noite em que tudo desmoronou – e
o medo, a dúvida e a humilhação apareceram...

e eu escrevi algumas cartas usando meus últimos selos
contando para poucas e seletas pessoas que eu havia
    cometido um
erro, que eu estava passando fome e vivendo
    aprisionado numa pequena
e congelante cabana das trevas numa cidade estranha num

estado
estranho.

eu enviei as cartas e aí esperei por intermináveis dias e
    noites de
loucura, torcendo, ansiando afinal por uma resposta
decente.

somente duas cartas vieram – no mesmo dia –
e eu abri as páginas e sacudi as páginas à procura de
dinheiro mas não havia
nada.

uma carta era do meu pai, seis páginas me dizendo que
eu merecia o que estava acontecendo, que eu devia ter
    me tornado
um engenheiro como ele me aconselhou, e que
    ninguém jamais leria
o tipo de coisa que eu escrevia, e isso e aquilo, nesse
tom.

a outra carta era da belíssima editora, impecavelmente
    datilografada em
caro papel de carta, e ela dizia que nao estava mais
publicando sua revista literária, ela tinha encontrado
    Deus e estava
morando em um castelo numa colina na Itália e
    ajudando os pobres, e
ela assinava seu famoso nome com um "Deus o
    abençoe" e era
isso.

ah, você não faz ideia, naquela cabana escura e gélida,
    de como eu queria
ser pobre na Itália e não em Atlanta, ser um camponês
    pobre,

sim, ou até mesmo um cachorro na colcha dela, ou até
    mesmo uma pulga naquele
cachorro naquela
colcha: como eu queria o mais ínfimo
calor.

a dama havia me publicado junto com Henry Miller,
    Sartre, Céline,
outros.

eu jamais deveria ter pedido dinheiro num mundo em
    que milhões de
camponeses rastejavam pelas ruas
famintas

e mesmo alguns anos depois quando a editora
morreu
eu ainda a considerava
belíssima.

sobre a conferência da PEN*

afaste um escritor de sua máquina de escrever
e tudo que sobra dele
é
a doença
que o fez se sentar
diante da máquina
no
começo.

---

* Associação mundial de escritores. (N.T.)

todo mundo fala demais

quando
o guarda me fez
parar
eu
entreguei a ele minha
habilitação.
ele
voltou
para transmitir
a marca
e o modelo
do meu carro
e
ver se estava tudo limpo com
as minhas placas.

ele preencheu
a multa
se
aproximou
me entregou
o bilhete
para
assinar.

eu assinei
ele me
devolveu
a
habilitação.

"como pode
que o senhor

não
diz
nada?",
ele perguntou.

eu dei
de
ombros.

"bem, senhor",
ele
disse, "tenha
um
bom dia
e
dirija
com cuidado."

eu
notei
um pouco de suor
em sua
testa
e a
mão
que segurava
o
bilhete
parecia
estar
tremendo
ou
será que
eu

estava apenas
imaginando?

de todo modo
eu
olhei o guarda
se afastar
na direção
de sua
moto
então
pisei
no acelerador...

quando confrontado
com
policiais
zelosos
ou
mulheres
rancorosas
eu
nada tenho
para
dizer
a eles

pois
se eu
realmente
abrisse a boca
a história
terminaria
com
a morte

de alguém:
a deles ou
a minha

portanto
eu
permito que
desfrutem
de suas
pequenas
vitórias
das quais
eles precisam
bem
mais
do
que
eu.

eu e meu amigão

eu ainda consigo nos ver
juntos
naquele tempo
sentados na margem do rio
enchendo
a cara de
vinho
e brincando com o
poema
sabendo que era
totalmente inútil
mas algo para
fazer
durante
a espera

os imperadores
com seus assustados
semblantes de argila
nos observam enquanto
bebemos

Li Po estraçalha seus
poemas
põe fogo
neles
e os lança flutuando rio
abaixo.

"o que você
fez?", eu
pergunto.

Li passa a
garrafa: "eles
vão terminar
não importa o que
aconteça..."

eu bebo para saudar seu
conhecimento
passo a garrafa
de volta

sento firme sobre meus
poemas
que eu
enfiei virilha
adentro

ajudo Li a queimar
mais algumas de suas
poesias

elas flutuam bem
rio
abaixo
iluminando a
noite
como deveriam fazer
as boas palavras.

canção

Julio apareceu com seu violão e cantou sua
canção mais recente.
Julio era famoso, ele escrevia canções e também
publicava livros com pequenos desenhos e
poemas.
eles eram muito
bons.

Julio cantou uma canção sobre seu mais recente caso
amoroso.
ele cantou que
o começo foi maravilhoso
e o final foi
horroroso.

não foram essas as palavras exatamente
mas era o que as palavras queriam
dizer.

Julio terminou de
cantar.

então ele disse "eu ainda gosto
dela, não consigo tirá-la da minha
cabeça".

"o que vou fazer?", Julio
perguntou.

"beba", Henry disse,
servindo a bebida.

Julio apenas olhou para seu
copo:
"o que será que ela está fazendo
agora?"

"provavelmente está no meio de uma cópula
oral", Henry
sugeriu.

Julio colocou o violão de volta no
estojo e
foi até a
porta.

Henry acompanhou Julio até o carro que
estava estacionado na
entrada da garagem.

era uma bela noite
enluarada.

enquanto Julio ligava o motor e
dava ré na entrada
Henry lhe acenou um
adeus.

então ele entrou
se
sentou.

ele terminou a bebida intocada
de Julio
e então
ligou
para ela.

"ele acabou de sair daqui", Henry disse
a ela, "ele está muito
mal..."

"você precisa me desculpar",
ela disse, "mas estou ocupada neste
momento."

ela
desligou.

e Henry serviu bebida em seu
próprio copo
enquanto lá fora os grilos cantavam
sua própria
canção.

prática

naquela vizinhança da depressão eu tinha dois amigões
Eugene e Frank
e eu trocava violentos socos com um e
outro
uma ou duas vezes por semana.
as lutas duravam 3 ou 4 horas e nós acabávamos
com
narizes esmagados, lábios inchados, olhos roxos, pulsos
torcidos, nós dos dedos machucados, vergões
escuros.

nossos pais não diziam nada, nos deixavam brigar sem
parar
observando desinteressadamente e
por fim voltando para seus jornais
ou seus rádios ou suas frustradas vidas sexuais,
eles só ficavam irritados quando nós rasgávamos ou
    estragávamos as nossas
roupas, por isso e somente por isso.

mas Eugene e Frank e eu
nós fazíamos uns bons exercícios
nós rolávamos pelas noitinhas, irrompendo por
cercas-vivas, lutando ao longo do asfalto, sobre os
meios fios e adentrando estranhos pátios e quintais em
casas desconhecidas, os cães latindo, as pessoas gritando
conosco.
nós éramos
maníacos, nunca desistíamos até o chamado da janta
que nenhum de nós podia se dar ao luxo de
perder.

de todo modo, Eugene virou capitão da
Marinha e Frank virou juiz da Suprema Corte do
    Estado da
Califórnia e eu mexi com o
poema.

poema de amor para uma stripper

50 anos atrás eu observava as garotas
rebolando e fazendo striptease
no Burbank e no Follies
e era muito triste
e muito dramático
e a luz mudava de verde para
roxo para rosa
e a música era alta e
vibrante,
agora sento aqui esta noite
fumando e bebendo
ouvindo música
clássica
mas ainda me lembro de alguns de
seus nomes: Darlene, Candy, Jeanette
e Rosalie.
Rosalie era a
melhor, sabia como fazer,
e nós girávamos em nossos assentos e
fazíamos barulhos
e Rosalie dava magia
para os solitários
tanto tempo atrás.

agora Rosalie,
ou tão absolutamente velha ou
tão tranquila embaixo da
terra,
este é o garoto
com o rosto cheio de espinhas
que mentiu sobre sua
idade

apenas para ver
você.

você era boa, Rosalie,
em 1935,
boa o bastante para lembrar
agora
quando a luz é
amarela
e as noites são
lentas.

meu amigão

para um garoto de 21 anos em Nova Orleans eu não
    valia grande
coisa: eu tinha um quartinho escuro que cheirava a
mijo e morte
no entanto eu só queria permanecer ali, e havia
duas garotas animadas no fim do corredor que
ficavam batendo na minha porta e gritando "Levante!
Há coisas boas lá fora!"

"Vão embora", eu lhes dizia, mas isso só as incentivava
mais ainda, elas deixavam bilhetes embaixo da minha
    porta e
fixavam flores com fita adesiva na
maçaneta.

eu vivia à base de vinho barato e cerveja verde e
demência...

eu acabei conhecendo um velho do quarto
ao lado, de algum modo eu me sentia velho como
ele; ele tinha os pés e os tornozelos inchados e não
    conseguia
amarrar seus sapatos.

todo dia por volta da uma da tarde nós saíamos juntos
    para
dar uma caminhada e era uma caminhada muito
lenta: cada passo era doloroso para
ele.

quando chegávamos ao meio-fio eu o ajudava
a subir e descer
agarrando um ombro

e a parte de trás do
cinto, nós conseguíamos.

eu gostava dele: ele nunca me questionava sobre
o que eu estava ou não estava
fazendo.

ele deveria ter sido meu pai, e eu gostava
muitíssimo do que ele dizia o tempo
todo: "Nada vale a
pena".

ele era um
sábio.

aquelas mocinhas deveriam ter
deixado para ele
os bilhetes e as
flores.

Jon Edgar Webb

eu tive uma fase de poema lírico lá em New Orleans,
    martelando
uns versos gordos e roliços e
bebendo baldes de cerveja.
a sensação era de gritar num manicômio, o manicômio do
meu mundo
com os ratos dispersos em meio às
garrafas vazias.
às vezes eu entrava nos bares
mas não conseguia dar jeito com as pessoas que se
    sentavam nos
banquinhos:
os homens me evitavam e as mulheres ficavam
    aterrorizadas
comigo.
os bartenders pediam que eu
fosse embora.
eu ia, carregando com dificuldade os magníficos fardos
    de cerveja
no retorno ao quarto e aos ratos e àqueles gordos e
    roliços
versos.

aquela fase de poema lírico foi uma época de
doideira pura
e havia um editor logo ali na
esquina que
mandava toda e qualquer página para o prelo, nada
rejeitando
muito embora eu fosse desconhecido
ele me publicou em voraz papel
fabricado para durar
2.000 anos.

229

esse editor que era também o dono e
o impressor
mantinha o rosto sisudo enquanto eu lhe dava as dez ou
vinte páginas
toda manhã:
"isso é tudo?"

o louco daquele filho da puta, ele mesmo era um
poema
lírico.

obrigado

alguns querem que eu continue a escrever sobre putas e
vômito.

outros dizem que esse tipo de coisa os
enoja.

bem, não sinto falta das
putas

embora de vez em quando uma ou outra
tente me
localizar.

não sei se elas sentem falta de todos os tragos e
da pouca grana que lhes dei

ou se elas ficam encantadas com o modo
como eu as imortalizei na
literatura.

seja como for, agora precisam se virar com
quaisquer homens
que elas conseguirem
explorar.

– as pobrezinhas não faziam
ideia...

e tampouco fazia eu
de que aquelas infames noites barulhentas
virariam um suprimento barato
que nem mesmo

Dostoiévski
teria o pudor de
não usar.

a maldição mágica

nunca gostei da ideia de morar na rua então mantive
     distância da sopa
dos pobres, dos bancos de sangue e das assim chamadas
doações.

fiquei tão terrivelmente magro que se
eu virasse de lado era difícil enxergar minha sombra sob
     um
sol forte do meio-dia.

não tinha importância para mim contanto que eu
     mantivesse distância da
multidão

e mesmo lá embaixo se tratava de
uma multidão exitosa e de uma multidão
fracassada.

não creio que eu fosse louco
mas muitos dos
loucos acham
isso

mas eu acho
agora
que se algo me salvou
foi o fato de ter evitado a
multidão

isso foi minha
comida

ainda
é.

me coloquem numa sala com mais do que
3 pessoas
eu tendo a me comportar
de um jeito bem
esquisito.

uma vez
até perguntei à minha esposa: escuta, eu devo ter
uma doença... será que devo procurar um
psiquiatra?

meu Deus, eu disse, ele é capaz de me curar
e aí o que é que eu vou
fazer?

ela só ficou me olhando
e nós esquecemos
a coisa
toda.

a festa acabou

depois que você arrancou a toalha de mesa com
os pratos cheios de comida
e quebrou as janelas
e tirou a máscara dos
idiotas
e falou verdadeiras e terríveis
palavras
e
enxotou a turba porta
afora –
aí vem o grande e
sereno momento: você se senta sozinho
e
serve aquela quieta dose.

o mundo é melhor sem
eles.

só as plantas e os animais são
verdadeiros camaradas.

eu bebo à saúde deles e com
eles.

eles esperam enquanto encho seus
copos.

sem bobagem

Faulkner adorava seu uísque
e com o uísque mais a
escrita
ele não tinha
tempo
para grande coisa além
disso.

ele não abria
a maioria de suas
cartas

só as levantava
contra a luz

e se não houvesse
dentro um
cheque

ele as jogava no
lixo.

fuga

a melhor parte foi
baixar as
cortinas
estofar a campainha
com trapos
colocar o telefone
na
geladeira
e ir pra cama
por 3 ou 4
dias.

e a segunda melhor
parte
foi que
ninguém em momento algum
sentiu a minha
falta.

usando a coleira

moro com uma dama e quatro gatos
e há certos dias em que todos nos damos
bem.

há certos dias em que tenho problemas com
um dos
gatos.

há outros dias em que tenho problemas com
dois dos
gatos.

outros dias,
três.

há certos dias em que tenho problemas com
todos os quatro
gatos

e a
dama:

dez olhos me fitando
como se eu fosse um cachorro.

um gato é um gato é um gato é um gato

ela está assobiando e batendo palma
para os gatos
às 2 da manhã
enquanto fico aqui sentado
com meu vinho e meu
Beethoven.

"estão só rondando", eu
digo a ela...

Beethoven chocalha seus ossos,
majestoso

e os malditos gatos
não estão nem se lixando
para
nada disso

e
caso se lixassem
eu não gostaria deles
tanto
assim:

as coisas começam a perder seu
valor natural
quando vão se aproximando
da empreitada
humana.

nada contra
Beethoven:

ele foi ótimo
sendo o que
era

mas eu nunca ia querer
Beethoven
no meu tapete
com uma perna
por cima da cabeça
enquanto
ficava
lambendo
o saco.

marchando pela Geórgia

estamos queimando como uma asa de frango deixada
    na grelha de um
churrasco ao ar livre
somos indesejados e ardentes somos ardentes e
    indesejados
somos
um indesejado
incêndio
nós chiamos e fritamos
até o osso
as brasas do *Inferno* de Dante estalam e crepitam
    embaixo de
nós
e
acima do céu é uma mão aberta
e
as palavras de homens sábios são inúteis
este não é um mundo agradável, um mundo agradável
    este
não é...

vamos lá, experimente este agradável poema de asa de
    frango   queimada
é quente é duro sem muita
carne
mas e tristemente sensato
e uma ou duas mordidas o devoram por inteiro
assim

se foi

foi embora como as damas de antigamente
enquanto eu abria a porta
para o quarto
cama
travesseiros
paredes

eu o perdi
eu o perdi em algum lugar
enquanto caminhava pela rua
ou enquanto levantava pesos
ou enquanto olhava um desfile
eu o perdi
enquanto olhava luta livre

ou enquanto esperava no sinal vermelho
ao meio-dia em certo dia poluído

eu o perdi enquanto inseria uma moeda
num parquímetro

eu o perdi
enquanto os cães selvagens dormiam.

conheço o famoso poeta

esse poeta era famoso fazia muito tempo
e após algumas décadas de
obscuridade eu
tive sorte
e o poeta apareceu
interessado
e me convidou a visitar seu
apartamento na praia.
ele era homossexual e eu era
hétero, e pior, um
beberrão.

fui lá, dei uma
olhada em volta e
declamei (como se eu não
soubesse) "ei, cadê a
porra das
gatas?"

ele apenas sorriu e acariciou
seu bigode.

ele tinha pequenas alfaces e
queijos delicados e
outras iguarias
em sua geladeira.
"onde você guarda a porra da sua
cerveja, cara?", eu
perguntei.

não fazia mal, eu tinha
trazido as minhas próprias
garrafas e tratei de abrir
uma.

ele começou a parecer
alarmado: "ouvi falar da
sua brutalidade, por favor
queira
desistir!"

eu desabei em seu
sofá, arrotei,
ri: "ah, caralho, bebê, não
vou te machucar! ha, ha,
ha!"

"você é um ótimo escritor", ele
disse, "mas como pessoa você é
completamente
desprezível!"

"é disso que eu mais gosto
em mim, bebê!", eu
continuei virando as
cervejas.

num átimo
ele pareceu sumir por trás
de umas portas deslizantes
de madeira.

"ei, bebê, sai
daí! não vou fazer nada de
mal! podemos sentar e
ficar nessa idiotice de papo literário
furado a noite
toda! não vou
brutalizar você,
caralho, eu
prometo!"

"não confio em você",
veio a voz
fina.

bem, não havia o que
fazer
a não ser abraçar a garrafa, eu estava
bêbado demais para dirigir
de volta.

quando acordei de
manhã ele estava de pé ao meu
lado
sorrindo.

"hã", eu disse,
"oi..."

"foi pra valer o que você
disse ontem à noite?", ele
perguntou.

"hã, quefoique eu
falei?"

"eu abri as portas e fiquei
ali parado e você me
viu e disse que
parecia que eu estava vagando na
proa de um grande navio
marítimo... você disse que eu parecia um
escandinavo! é
verdade?"

"ah, sim, sim, você
parecia mesmo..."

ele me preparou chá quente
com torrada
e eu engoli
tudo.

"bem", eu disse, "foi bom
ter conhecido
você..."

"estou certo disso", ele
respondeu.

a porta se fechou atrás
de mim
e eu encontrei o elevador
para descer
e
depois de alguma perambulação pela
praia
encontrei meu carro,
entrei, parti
em termos que aparentavam ser
favoráveis
entre mim e o famoso
poeta
mas
não era
o caso:

ele começou a escrever coisas
inacreditavelmente odientas
a meu

respeito
e eu
devolvi alguns disparos na direção
dele.

a história toda
foi praticamente
igual
a qualquer outro primeiro encontro
entre escritores

e
de qualquer forma
aquela parte sobre
chamá-lo de
escandinavo
não era nem um pouco
verdade: eu o chamei
de
viking

e também
não é verdade
que sem sua
ajuda
eu jamais teria
aparecido na
Coleção Penguin de
Poetas Modernos
junto com ele
e com quem
mais mesmo?

ah sim:
Lamantia.

aproveite o dia

sujeito nojento ele ficava o tempo todo limpando o
    nariz na
manga e também peidando a intervalos
regulares, ele não tinha
nem pente
nem boas maneiras
nem quem o desejasse.
uma de cada três palavras suas era uma víscera
grosseira
e ele arreganhava os dentes quebrados e
amarelos
seu hálito fedendo acima do
vento
ele enterrava continuamente na virilha
sua mão
esquerda
e tinha sempre uma
piada suja
à disposição,
um bronco do mais baixo
nível
um homem
muitíssimo muitíssimo
evitado

até que

ganhou na loteria
estadual.

agora
você precisa ver
o sujeito: sempre uma jovem aos risos em

cada braço
ele come nos melhores
restaurantes
os garçons brigando para pegá-lo
nas mesas
deles
ele arrota e peida noite
afora
derramando sua taça de vinho
pegando seu bife com os
dedos
enquanto
suas damas o chamam de
"original" e "o cara mais
engraçado que já conheci".
e o que fazem com ele
na cama
é uma tremenda
vergonha.

o que precisamos ter sempre em
mente, contudo, é que
50% da loteria estadual vai para o
Sistema Educacional e
isso é importante
quando você percebe que
apenas uma pessoa em
cada nove
sabe soletrar corretamente
"emulação".

a ilha que vai encolhendo

estou trabalhando nele com
o amanhecer se curvando na minha direção...

quase acertei a mão às 3:34 mas ele
me escapou dos dedos
com a feitiçaria de um
peixinho prateado...

agora
com a meia-luz se movendo na minha direção
como a morte filha da mãe
eu desisto da batalha
me levanto
ando em direção ao banheiro
bato de cara
numa parede
solto uma deplorável risada
miante...
ligo a luz e
começo a mijar, sim, no
lugar certo
e
depois de puxar a descarga
penso: mais uma noite
que se foi.
bem, nós lhe demos um pouco de
gritaria
de todo modo.

lavamos nossas
garras...
desligamos a
luz

andamos na direção do
quarto onde a
esposa
desperta o bastante
para dizer: "não pisa
no gato!"

o que nos traz de volta
às
reais
questões
enquanto encontramos a cama
nos enfiamos nas cobertas
rosto para o teto: um
homem
aterrado
bêbado
gordo
e velho.

máquina mágica

eu gostava dos discos velhos que
arranhavam
conforme a agulha deslizava por
sulcos bastante
gastos
você ouvia a voz
saindo do
alto-falante
como se houvesse uma pessoa
dentro daquela
caixa
de mogno

mas você só escutava enquanto
seus pais não estavam
em casa.
e se você não desse corda
na vitrola
ela desacelerava gradualmente e
parava.

era melhor nos fins de
tarde
e os discos falavam
de
amor.
amor, amor, amor.
alguns dos discos tinham
lindos rótulos
roxos,
outros eram laranja, verdes,
amarelos, vermelhos, azuis.

a vitrola tinha pertencido ao
meu avô
e ele tinha escutado aqueles
mesmos
discos.
e agora eu era um garoto
e
os escutava.
e nada em que eu conseguisse pensar
na minha vida naquele tempo
parecia ser melhor do que ouvir
aquela
vitrola
quando meus pais não estavam
em casa.

aquelas garotas que seguimos no caminho de casa

na escola intermediária as duas garotas mais bonitas
 eram
Irene e Louise,
elas eram irmãs;
Irene era um ano mais velha, um pouco mais alta
mas era difícil escolher entre
as duas;
elas não eram apenas bonitas, eram
espantosamente lindas
tão lindas
que os garotos mantinham distância delas;
ficavam aterrorizados diante de Irene e
Louise
que não eram nem um pouco reservadas,
eram inclusive mais amigáveis do que a maioria
mas
pareciam se vestir com certa
diferença em relação às outras
garotas:
elas sempre usavam salto alto,
meias de seda,
blusas,
saias,
trajes novos
todos os dias;
e
certa tarde
meu amigo Carequinha e eu as seguimos
na volta da escola para casa;
é que nós éramos meio que
os malvadões do pedaço

então isso era
mais ou menos
de se esperar,
e
foi uma coisa de louco:
íamos caminhando três ou quatro metros atrás delas;
não dizíamos nada
apenas seguíamos
observando
o bamboleio voluptuoso,
o balançar das
ancas.

gostamos tanto que as
seguimos da escola para casa
todos os
dias.

quando elas entravam em casa
nós ficávamos parados na calçada
fumando cigarros e conversando.

"um dia", eu disse ao Carcquinha,
"elas vão nos convidar pra entrar em
casa e elas vão
dar pra nós."

"você acha mesmo?"

"claro."

agora
50 anos depois
eu posso lhes dizer
que elas nunca deram

– esqueçam todas as histórias que
contamos aos caras;
sim, é o sonho que
nos faz ir em frente
naquele tempo e
agora.

anotação fracionária

as flores estão queimando
as rochas estão derretendo
a porta está presa dentro da minha cabeça
faz trinta e oito graus em Hollywood
e o mensageiro tropeça
deixando cair a última mensagem num
buraco na terra
com 640 quilômetros de profundidade.
os filmes estão piores do que nunca
e os livros mortos de homens mortos são leituras mortas.
os ratos brancos correm na esteira.
os bares fedem em escuridão pantanosa
enquanto os solitários não satisfazem os solitários.

não existe clareza.
não era pra existir desde o começo.

o sol está diminuindo, dizem.
esperem pra ver.

o molho late feito um cão.

se eu tivesse uma avó
minha avó poderia surrar a sua
avó.

queda livre.
sujeira livre.
qualquer merda custa dinheiro.
dê uma olhada nos anúncios de venda...

agora todo mundo está cantando ao mesmo tempo
vozes terríveis

saídas de gargantas rasgadas.
horas de treino.

é quase totalmente desperdício.
o arrependimento é *principalmente* causado por não
    termos
feito nada.
a mente late feito um cão.
passe o molho.

esse é o arranjo no longo caminho rumo ao
esquecimento.
data da próxima leitura do medidor:
20 DE JUNHO.

e eu me sinto bem.

seguidores

o telefone tocou à 1:30 da manhã
e era um homem de Denver:

"Chinaski, você tem seguidores em
Denver..."

"é?"

"é, eu tenho uma revista e quero uns
poemas seus..."

"VAI SE FODER, CHINASKI!", ouvi uma voz
no fundo...

"pelo visto você tem um amigo aí",
eu disse.

"é", ele respondeu, "pois então, eu quero
seis poemas..."

"O CHINASKI É UMA PORCARIA! O CHINASKI É
        UM BABACA!",
ouvi a outra
voz.

"vocês andaram bebendo?",
eu perguntei.

"e daí?", ele respondeu. "você bebe."

"é verdade..."

"O CHINASKI É UM IMBECIL!"

então
o editor da revista me deu o
endereço e eu o anotei no verso
de um envelope.

"manda uns poemas pra gente agora..."

"vou ver o que posso fazer..."

"O CHINASKI SÓ ESCREVE MERDA!"

"tchau", eu disse.

"tchau", disse o
editor.

eu desliguei.

há certamente uma grande quantidade de pessoas
solitárias sem muito o que fazer com
suas noites.

um encontro trágico

eu era mais visível e disponível naquele tempo
e eu tinha uma grande fraqueza:
eu achava que ir pra cama com várias mulheres
significava que um homem era esperto e bom e
superior
sobretudo se aos 55 anos de
idade
conseguisse traçar inúmeras gatinhas
e eu levantava pesos
bebia feito um louco
e fazia
isso.

as mulheres eram na maioria legais
e na maioria eram bonitas
e só uma ou outra era realmente burra e
sem graça
mas JoJo
eu não consigo nem mesmo categorizar.
suas cartas eram sucintas, repetiam
as mesmas coisas:
"eu gosto dos seus livros, gostaria de
conhecê-lo..."
eu escrevi de volta e lhe disse
que
tudo bem

então vieram as instruções
sobre onde eu deveria
encontrá-la: em tal faculdade
em tal data
a tal hora

logo depois de suas
aulas.

a faculdade ficava no alto das
colinas e
o dia e a hora
chegaram
e com seus desenhos
de ruas serpenteantes
mais um mapa rodoviário
eu parti.

era em algum lugar entre o Rose Bowl
e um dos maiores cemitérios do
sul da Califórnia
e eu cheguei cedo e fiquei sentado no meu
carro
bebericando meu Cutty Sark
e olhando as
aluninhas – havia tantas
delas, simplesmente não dava para
pegar *todas*.

então soou a campainha e eu saí do meu
carro e andei até a frente do
prédio, havia uma longa sequência de
degraus e os estudantes saíram do
prédio e desceram os degraus
e eu fiquei parado
esperando, e como numa chegada
em aeroporto
eu não fazia ideia
de quem
seria.

"Chinaski", alguém disse
e lá estava ela: 18, 19 anos,
nem feia nem linda, com
corpo e feições medianos,
parecendo não ser feroz,
inteligente, burra e tampouco
louca.

demos um leve beijo e aí
perguntei se ela
estava de carro
e ela disse
que estava de carro
e eu disse "tá bom, te levo no meu
até ele, depois você me
segue..."

JoJo era uma boa seguidora, ela me seguiu o
caminho todo até a minha ruazinha decaída no leste
de Hollywood.

eu lhe servi uma bebida e nós conversamos um
papo muito insípido e nos beijamos um
pouco.
os beijos não eram nem bons nem ruins
tampouco interessantes ou
desinteressantes.

bastante tempo se passou e ela bebeu bem
pouco
e nós nos beijamos um pouco mais e ela disse
"eu gosto dos seus livros, eles realmente me
afetam".
"Meus livros que se fodam!", eu falei.
eu já estava de cueca e tinha puxado sua

saia bunda acima
e eu estava me esforçando muito
mas ela só beijava e
falava.
ela correspondia e ela não
correspondia.

então
desisti e comecei a beber
pra valer.
ela mencionou alguns dos outros
escritores
dos quais gostava
mas ela não gostava de nenhum deles
do jeito como gostava
de mim.

"ah", eu enchi meu copo, "é
mesmo?"

"preciso ir", JoJo disse,
"tenho uma aula de
manhã."

"você pode dormir aqui", eu sugeri, "e
acordar cedo, sou ótimo nos ovos
mexidos."

"não, obrigada, eu preciso
ir..."

e ela foi embora com
vários exemplares de livros meus
que ela nunca tinha visto
antes,

exemplares que eu lhe dera
bem *mais cedo* naquela
noite.

bebi mais uma dose e decidi
dormir para esquecer
aquela inexplicável
perda.

desliguei as luzes
e me joguei na
cama sem
me lavar ou
escovar os
dentes.

olhei para o alto no escuro
e pensei, eis aqui uma mulher
sobre a qual nunca serei capaz
de escrever:
ela não era nem boa nem ruim,
real ou irreal, amável ou
desamável, ela era só uma garota
de uma faculdade
em algum lugar entre o Rose Bowl e
o lixão.

então me veio uma coceira, eu me
cocei, eu parecia sentir coisas
no meu rosto, na minha barriga, eu respirei fundo,
soltei o ar, tentei dormir mas
a coceira piorou, então
senti uma mordida, então diversas mordidas,
coisas pareciam estar
rastejando na minha pele...

corri até o banheiro
e acendi a luz

meu Deus, JoJo tinha *pulgas*.

entrei no chuveiro
fiquei ali
ajustando a água,
pensando,
aquela
pobre
querida.

um poema ordinário

já que vocês sempre quiseram
saber vou admitir que nunca gostei de Shakespeare,
    Browning, das
irmãs Brontë,
de Tolstói, beisebol, verões no litoral, queda
de braço, hóquei, Thomas Mann, Vivaldi, Winston
    Churchill, Dudley
Moore, verso livre,
pizza, boliche, os Jogos Olímpicos, os Três Patetas, os
    Irmãos
Marx, Ives, Al Jolson, Bob Hope, Frank Sinatra, Mickey
Mouse, basquete,
pais, mães, primos, esposas, morar junto (embora
    preferível à
opção anterior),
e não gosto da Suíte do Quebra-Nozes, da entrega do
    Oscar, de Hawthorne,
Melville, torta de abóbora, véspera de Ano-Novo, Natal,
    Dia do Trabalho,
Quatro de Julho, Ação de Graças, Sexta-feira Santa, The
    Who,
Bacon, Dr. Spock, Blackstone e Berlioz, Franz
Liszt, meia-calça,
piolhos, pulgas, peixe-dourado, caranguejos, aranhas,
    guerra
heróis, voos espaciais, camelos (não confio em camelos)
    ou da
Bíblia,
Updike, Erica Jong, Corso, bartenders, moscas-das-
    frutas, Jane
Fonda,
igrejas, casamentos, nascimentos, noticiários, cães
de guarda, rifles .22, Henry

Fonda
e todas as mulheres que deveriam ter me amado mas
não amaram e
o primeiro dia da primavera e o
último
e o primeiro verso deste poema
e este aqui
que você está lendo
agora.

de um cão velho em seu porre

ah, meu amigo, é terrível, pior
do que isso – você só vai
ficando bom –
uma garrafa virada e
vazia –
os poemas fervilhando na sua
cabeça
mas
a meio caminho entre os 60 e
os 70
você detém a mão
antes de abrir a
segunda garrafa –
às vezes
não abre
pois após 50 anos de
bebedeira pesada
você pode presumir
que essa garrafa adicional
vai te mandar
balbuciando para
uma casa de repouso
ou te conceder
um derrame
sozinho na sua
casa
os gatos mastigando a
sua carne
enquanto a névoa matinal
penetra pela tela
quebrada.

a gente nem *pensa* no
fígado
e se o fígado
não pensa na
gente, tudo
bem.

mas de fato parece
que quanto mais bebemos
tanto melhores as palavras
ficam.

a morte não importa
mas a derradeira inconveniência
da quase-morte é o pior dos
tormentos.

vou encerrar a noite
com
cerveja.

deixem que caiam

vamos deixar que as bombas caiam
estou cansado de esperar

guardei os meus brinquedos
dobrei os mapas
cancelei minha assinatura da *Time*
dei adeus à Disneylândia

tirei as coleiras de pulga dos meus gatos
tirei a tv da tomada
já não sonho com flamingos cor-de-rosa
já não confiro os índices da bolsa

vamos deixar que elas caiam
vamos deixar que elas explodam

estou cansado de esperar

não gosto desse tipo de chantagem
não gosto de governos dando uma de bonzinhos na
    minha vida:
ou caguem ou desocupem a moita
estou cansado de esperar
estou cansado de balançar
estou cansado do dilema

deixem que as bombas estourem

vocês aí, nações vagabundas choramingonas covardes
vocês aí, gigantes desmiolados

deixem
deixem
deixem!

e fujam para seus planetas e estações espaciais
então poderão ferrar tudo
lá em cima também.

tentando chegar a tempo

novo jóquei recém-chegado do Arizona
não conhece esta cidade
mas seu agente conseguiu pra ele uma montaria
na primeira corrida
do último sábado
e o jóquei pegou a
autoestrada
no mesmo dia do jogo
de futebol
entre U.S.C. e U.C.L.A.
e ficou preso
numa das duas pistas especiais
o que o levou para o Rose Bowl
e não ao
hipódromo.
ele foi obrigado a dirigir o caminho todo
até o estacionamento
do jogo de futebol
até que pudesse dar
meia-volta.
na hora em que chegou ao hipódromo
a primeira corrida
tinha terminado.
outro jóquei havia vencido com sua
montaria.

hoje por lá
notei no programa que o
novo jóquei do Arizona
tinha uma boa montaria na
sexta.
aí o cavalo foi tirado da corrida
em cima da hora.

às vezes dar a largada
no momento grandioso
é equivalente a
tentar obter uma ereção
num tornado
e mesmo que você consiga
ninguém tem tempo
para perceber.

a morte de uma esplêndida vizinhança

havia um lugar perto da Western Ave.
no qual você subia uma escada
para ganhar um boquete
e havia um grande motociclista
lá sentado
usando sua jaqueta com suástica.
ele ficava lá pra farejar você
se você fosse um
tira
e pra proteger as garotas
se você não fosse.
ficava bem em cima da
Loja de Sanduíches Submarinos da Philadelphia
lá em L.A.
para onde as garotas desciam
quando o movimento
ficava fraco
e onde elas comiam outra
coisa.
o cara que administrava a
loja de sanduíches
detestava as garotas
ele não gostava de
atendê-las
mas tinha
medo de não
atender.

aí um dia
fui fazer uma visita
e o motociclista não estava lá

tampouco as garotas
estavam,
e não tinha sido uma simples
batida
tinha sido um
tiroteio:
havia buracos de bala
na porta
no alto da
escada.

entrei na loja de submarinos
pra pegar um sanduíche e uma
cerveja
e o proprietário me
disse
"as coisas estão melhores
agora".

depois disso
precisei sair da cidade
por alguns
dias
e quando voltei
e andei
até a loja de sanduíches
vi que a janela
de vidro recozido
tinha sido
arrebentada
e estava coberta por
tábuas.
dentro as paredes
e o balcão tinham sido
enegrecidos por
fogo.

mais ou menos na mesma
época
minha namorada enlouqueceu
e começou a dar para um homem
depois
do outro.

quase tudo que era bom estava
acabado.
dei um mês de aviso prévio
ao meu senhorio e me mudei em
3 semanas.

você fica tão sozinho às vezes que até faz sentido

quando era um escritor passando fome eu costumava
 ler os principais escritores nas
principais revistas (na biblioteca, é claro) e isso me
 deixava
muito mal porque – sendo um estudante da palavra e
 do percurso, eu percebia
que eles eram impostores: eu conseguia captar cada
 emoção falsa, cada
fingimento rematado, eu acabava sentindo que os
 editores viviam
no mundo da lua – ou sofriam pressão política para
 publicar
panelinhas de poder
mas
eu apenas continuei escrevendo e não comendo muito
 – caí de 89 quilos
para 62 – mas – adquiri muita prática datilografando e
 lendo cartas de rejeição
impressas.

foi quando cheguei aos 62 quilos que eu disse, que vá
 tudo pro   inferno, parei
de datilografar e me concentrei na bebida e nas ruas e
 nas damas das
ruas – pelo menos aquelas pessoas não liam a *Harper's*,
 The Atlantic ou
Poetry, a magazine of verse.

e francamente, foi uma justa e refrescante folga de dez
 anos

então voltei e tentei de novo para constatar que os
        editores ainda viviam
no mundo da lua e/ou etc.
mas eu tinha subido a 102 quilos
descansado
e cheio de música de fundo –

pronto para dar mais um tiro no
escuro.

uma turma boa, no fim das contas

tenho sempre notícias dos cães velhos,
homens que estão escrevendo há
décadas,
poetas todos,
ainda estão diante de suas
máquinas
escrevendo melhor do que
nunca
tendo superado esposas e guerras e
empregos
e todas as coisas que
acontecem.
de muitos eu não gostava por razões
pessoais
e artísticas...
mas o que eu deixei de ver foi
a persistência deles e
sua capacidade de
aprimoramento.

esses cães velhos
vivendo em quartos enfumaçados
entornando a
garrafa...

eles vergastam as
fitas das máquinas: eles vieram
para
lutar.

isto

estar bêbado diante da máquina é melhor do que estar
 com qualquer mulher
que jamais vi ou conheci ou de quem ouvi falar
como
Joana d'Arc, Cleópatra, Garbo, Harlow, M.M. ou
qualquer uma das milhares que vêm e vão nas
projeções de celuloide
ou as garotas temporárias que vi tão adoráveis
em bancos de praça, em ônibus, em danças e festas, em
concursos de beleza, cafés, circos, desfiles, lojas de
departamento, competições de tiro ao prato, voos de
 balão, corridas de carro, rodeios,
touradas, lutas na lama, corridas de patins, preparos de
 torta,
igrejas, jogos de voleibol, corridas de barco, quermesses,
shows de rock, prisões, lavanderias ou seja lá onde for

estar bêbado diante desta máquina é melhor do que
 estar com qualquer mulher
que jamais vi ou
conheci.

quente

há fogo nos dedos e há fogo nos sapatos e há
fogo em atravessar uma sala
há fogo nos olhos do gato e há fogo nas bolas
do gato
e o relógio de pulso rasteja como cobra pela parte de
    trás da
cômoda
e a geladeira contém 9.000 sonhos congelados e
    picantes
e enquanto ouço as sinfonias de compositores mortos
sou consumido por uma alegre tristeza
há fogo nas paredes
e as lesmas no jardim só querem amor
e há fogo nas pragas daninhas
estamos ardendo ardendo ardendo
há fogo num copo d'água
os túmulos da Índia sorriem como enamorados filhos
    da mãe
as fiscais de estacionamento choram sozinhas à uma da
    manhã nas noites chuvosas
há fogo nas rachaduras das calçadas
e
durante a noite toda enquanto fiquei bebendo e
    datilografando estes
onze ou doze poemas
a energia elétrica ficou caindo e voltando
tem um vento feroz lá fora
e entre as quedas e as voltas
fiquei sentado aqui no escuro
máquina elétrica (haha) desligada luzes apagadas rádio
    desligado
bebendo no escuro
acendendo cigarros no escuro

saía fogo dos fósforos
estamos todos ardendo juntos
irmãos e irmãs ardentes
eu gosto eu gosto eu gosto
disso.

**poema bem
bem bem
tardio**

você pensa sobre aquela vez em
Malibu
depois de ter levado a garota alta
pra jantar e beber
vocês saíram e foram até o Fusca
e a embreagem estava
ferrada
(sem cartão de seguradora)
nada ao redor a não ser o
oceano e
40 quilômetros até o
quarto onde você mora
(a mala dela ali
por ter chegado de avião de algum lugar
do Texas)
e você diz pra ela "bem,
quem sabe a gente volta nadando", e
ela esquece de
sorrir.

e o problema em
escrever estes poemas
quando você chega ao número 7 ou
8 ou 9
já na segunda garrafa perto
das 3 da manhã
tentando acender o seu
cigarro com uma cartela de
selos
depois de já ter botado

fogo na
lixeira
é
que existe ainda um pouco de
aventura e júbilo
em bater à máquina
enquanto o rádio ruge sua
música clássica
mas o conteúdo
começa a
escassear.

diversão das 3 da manhã:

a pior coisa é
estar bêbado

todos os isqueiros sem
faísca

cartelas de fósforos
vazias

tocos de cigarros e charutos
por todos os lados

você encontra uma pequena embalagem de
fósforos
com 3 fósforos
de papelão

mas os fósforos raspam
moles contra o gasto fósforo da
caixa

merda:
bebida sem fumo é como
pau sem
boceta

você bebe um pouco
mais
procura em volta

encontra um fósforo de papelão
de pura felicidade
cuidadosamente o raspa

contra a menos gasta
das embalagens
vazias

ele *chameja*!
você pode
fumar!

você acende
o fumo

você lança o fósforo
num piparote rumo a um
cinzeiro

você erra a mira

e
do nada...

sobe uma chama

tudo está QUEIMANDO
afinal!

: um recibo da
American Express

: algumas das embalagens de fósforos
vazias

: até mesmo um dos isqueiros
mortos

a chama rodopia e
salta

então todo o cinzeiro de
tocos de cigarro e charuto
começa a produzir fumaça
como se bocas os estivessem
tragando

você combate as chamas com
vários e sortidos objetos
incluindo suas
mãos

até que finalmente a chama se
vai e não há nada senão
fumaça

e outra vez lhe vem aquele
pensamento recorrente: *só posso estar
louco.*

você ouve a voz da sua
esposa:

"Hank, você está
bem?"

ela está no outro lado da
parede no
quarto

"ah, estou ótimo..."

"tem cheiro de fumaça... a casa está pegando
fogo?"

"foi só um foguinho, Linda... eu
apaguei... dorme..."

foi ela que comprou pra você
a lixeira de aço
depois de uma ocorrência
similar

logo ela está dormindo
de novo

e você está procurando

mais
fósforos.

um dia vou escrever uma cartilha para santos aleijados mas enquanto isso...

enquanto a Bomba repousa lá nas mãos de uma
espécie cada vez menor
tudo que você quer
é me ver sentado ao seu lado
com pipoca e Dr. Pepper
enquanto aqueles embotados dentes de celuloide
vão mastigando
meus restos mortais.

não me preocupo muito com a
Bomba – os manicômios estão cheios
o bastante
e sempre lembro que
depois de um dos melhores rabos
que jamais peguei
eu fui ao banheiro e
me masturbei – dureza matar um homem
desses com uma
Bomba?

de todo modo, finalmente derrubei
R. Jeffers e Céline do meu
campanário
e lá sento sozinho
com você e
Dostoiévski
enquanto o coração real e o
coração artificial
continuam a

vacilar,
esfomeados.

eu te amo mas
não sei o que
fazer.

procura-se ajuda

eu era um jovem demente e aí encontrei certo livro
    escrito por um
homem mais velho demente e me senti melhor porque
    ele era
capaz de botar no papel
e aí encontrei um livro de uma fase posterior desse
    mesmo homem mais velho
demente
só que a mim
ele já não parecia demente ele só parecia ser
maçante –
todos nós aguentamos bem por um tempo, aí com
    defeitos e
lapsos e erros inerentes
na maioria de nós
tão frequentemente nos deterioramos da noite para o dia
chegando a um estado tão próximo da defecação
que o resultado final é quase insuportável para os
sentidos.

por sorte, encontrei alguns outros homens dementes
    que quase permaneceram do
mesmo jeito até que
morreram.

isso é mais digno, sabe, e beneficia um pouco mais as
    nossas
vidas
conforme desempenhamos as nossas –
umbrosas –
tarefas.

o que não mata...

a queixa é muitas vezes o resultado de uma insuficiente
capacidade
de viver dentro
das óbvias restrições desta
maldita gaiola.
a queixa é uma deficiência comum
mais prevalente do que as
hemorroidas
e quando as escritoras atiram seus sapatos pontudos
em mim
choramingando que
seus poemas jamais serão
promulgados
tudo que posso lhes dizer
é
me mostrem mais perna
me mostrem mais bunda –
isso é tudo que vocês têm (ou eu tenho)
enquanto
dura

e por causa dessa comum e óbvia verdade
elas berram na minha cara:
SEXISTA PORCO FILHO DA PUTA!

como se isso fosse mudar o modo como as árvores
        frutíferas
deixam cair suas frutas
ou o oceano traz à praia o pó e
os esporos mortos do Império
Greciano

mas não sinto mágoa nenhuma por ser chamado de algo
que
não sou;
na verdade, é arrebatador, de certo modo, como uma boa
massagem nas costas
numa noite congelante
atrás do teleférico de esqui em
Aspen.

trabalhando

ah, aquele tempo em que eu
as botava
pra dentro e pra fora do meu
apartamento miserável.

meu deus, eu era uma coisa
peluda e
feiosa.

e eu encurralava
todas elas nas
molas

mandando
ver

eu era o insano
macaco bêbado
numa vizinhança
triste e
moribunda.

mas o mais estranho
de tudo
eram as
novas e contínuas
chegadas.

era um
desfile
feminino
e
eu exultava

me pavoneava e
atacava.

mal fazendo
ideia
do
significado
daquilo.

era um
inesquecível
quarto
pintado de um estranho
azul.

e
a maioria das
damas
ia embora pouco antes do
meio-dia

mais ou menos na hora
em que o carteiro
chegava.

ele conversou comigo
um dia, "meu deus,
cara, onde você
arranja todas elas?"

"não sei", eu
respondi.

"me desculpa", ele
prosseguiu, "mas você não

parece exatamente
um presente de Deus às
mulheres, como você
consegue?"

"não sei",
eu disse.

e era
verdade: simplesmente
acontecia e eu
ia em frente

no meu quarto
azul
com a
melhor toalha de mesa
de renda
da minha mãe morta
fixada
por cima da
janela.

eu era um
puta
idiota.

além do ponto

de algum modo ele havia me localizado de novo – ele
      estava no   telefone – falando
sobre os velhos tempos –
que fim será que levou Michael ou Ken ou
Julie Anne? –
e você lembra...?

– também
havia seus problemas atuais –

– ele era um falante – sempre tinha sido um
falante –

e eu tinha sido um
ouvinte

eu tinha escutado porque não queria
magoá-lo
pedindo que ele calasse a boca
como os outros
faziam
nos velhos
tempos

agora
ele estava de volta

e
eu segurei o fone longe da orelha
braço esticado
e ainda conseguia escutar o
som –

eu dei o fone à minha namorada e
ela ouviu por um
tempo –

afinal
peguei o fone e disse a ele –

ei, cara, a gente precisa encerrar, a carne tá queimando
no forno!

ele disse, ok, cara, eu te ligo
de volta –

(uma coisa eu lembrava do meu
velho amigo: ele cumpria o que
prometia)

coloquei o fone de volta no
gancho –

– nós não temos nenhuma carne no
forno, disse a minha
namorada –

– sim, nós temos, eu disse a ela,
sou eu.

nossa risada é silenciada pelo sofrimento deles

enquanto a criança atravessa a rua enquanto
    mergulhadores de águas profundas
mergulham enquanto os pintores pintam –
o bom combate contra chances terríveis é a vin-
dicação e a glória enquanto a andorinha ascende rumo
à lua –
está tão escuro agora com a tristeza das
pessoas
elas foram enganadas, elas foram levadas a esperar o
máximo quando nada é
prometido
agora mocinhas choram sozinhas em pequenas salas
velhos brandem raivosamente suas bengalas contra
visões enquanto
damas penteiam seus cabelos enquanto
formigas buscam a sobrevivência
a história nos cerca
e as nossas vidas
afundam furtivamente
na
vergonha.

assassinato

competição, ganância, desejo de fama –
depois de ótimos começos eles na maioria das vezes
escrevem quando não querem escrever, escrevem por
encomenda, escrevem em troca de Cadillacs e garotas
mais jovens – e para pagar
velhas esposas descartadas.

eles aparecem em talk shows, frequentam festas
com seus pares.
a maioria vai para Hollywood, eles viram franco-
      atiradores e
bisbilhoteiros
e têm mais e mais casos com garotas e/ou
homens mais e mais
jovens.
eles escrevem entre Hollywood e as festas,
é escrita com relógio de ponto
e no meio das calcinhas e/ou dos
suportes atléticos
e da cocaína
muitos deles dão jeito de se complicar com a
Receita Federal.

entre velhas esposas, novas esposas, garotas
mais e mais novas (e/ou)
todos os seus adiantamentos e direitos autorais –
as centenas de milhares de
dólares –
são agora subitamente
dívidas.

a escrita vira um espasmo
inútil

a punheta de um dom
outrora
poderoso.

isso acontece e acontece e
continua igual:
a mutilação do talento
que os deuses raramente
dão
mas tão rapidamente
tiram.

o que estou fazendo?

preciso parar de enfrentar esses corredores
    enlouquecidos na   autoestrada enquanto
rugimos por aberturas estreitíssimas com estéreo
    ribombando sem parar
ao meio-dia e no entardecer e na escuridão
quando na verdade tudo que queremos é sentar em
    frescos jardins verdes
conversando calmamente com bebidas na mão.
o que nos faz ficar desse jeito? – unhas encravadas? – ou
    o fato de que as mulheres
não são suficientes? – que tolice nos faz beliscar o nariz da
Morte
    continuamente?
será que temos medo do lento urinol? – ou de babar
    sobre ervilhas
malcozidas trazidas por uma enfermeira entediada com
    estúpidas
pernas grossas?
que temerário impulso estouvado nos faz pisar fundo
    com
uma só mão na direção?
não temos noção da paz de envelhecer
suavemente?
que maldito grito de guerra é esse?

nós somos os mais doentes da espécie – enquanto bons
    museus – a grande arte –
gerações de conhecimento – são todos esquecidos
enquanto vemos profundidade no fato de sermos
babacas –
vamos acabar virando
    fotografias – quase em tamanho natural – penduradas

como advertência na
parede do Tribunal de Trânsito

e as pessoas vão estremecer só um pouquinho e
virar o rosto

sabendo que
ego demais não é
suficiente.

pessoas nervosas

você entra para comprar uma mercadoria – leva ao
 funcionário da registradora – ele
não sabe o preço – pede licença – retorna depois de um
 longo
tempo – fica encarando a caixa registradora eletrônica –
 registra o valor na
máquina com certa dificuldade: $47.583,64 – você não
 tem esse valor
consigo – ele ri – chama ajuda – outro funcionário
aparece – depois de outro longo tempo ele chega a uma
 nova soma:
$1,27. eu pago – então preciso pedir uma sacola –
 agradeço ao
funcionário – caminho até o estacionamento com a
 dama com quem estou – "você
deixa as pessoas nervosas", ela me diz –

rodamos para casa com a mercadoria – colocamos a
 mercadoria para executar sua tarefa – ela
não funciona – a mercadoria tem um defeito
de fábrica –
"vou devolver", ela diz –

eu entro no banheiro e mijo em linha reta no centro do
vaso   a guerra é só um dos problemas que acossam
 todo mundo
durante a vida de um dia decente.

305

praticando

Van Gogh cortou fora sua orelha
e a deu para uma
prostituta
que a jogou longe com
extremo
desgosto.

Van, putas não querem
orelhas
elas querem
dinheiro.

acho que é por isso que você foi
um pintor tão
genial: além da pintura você
não entendia
grande
coisa.

como está o seu coração?

durante os meus piores momentos
nos bancos de praça
nas cadeias
ou morando com
putas
sempre senti certo
contentamento –
eu não chamaria de
felicidade –
era mais um equilíbrio
íntimo
que se acomodava com
qualquer coisa que estivesse ocorrendo
e isso ajudou nas
fábricas
e quando relacionamentos
davam errado
com as
garotas.

ajudou
ao longo das
guerras e das
ressacas
das lutas nos becos
dos hospitais

despertar num quarto barato
numa cidade estranha e
levantar a cortina –
esse era o tipo mais louco de
contentamento

e atravessar o piso
até uma velha cômoda com um
espelho rachado –
ver meu reflexo, feio,
sorrindo perante tudo.

o mais importante é
você saber
caminhar através do
fogo.

esqueça

agora ouça, quando eu morrer não quero nenhuma
    choradeira, só trate de colocar
o funeral em andamento, tive uma vida plena, e
se alguém já levou vantagem esse alguém
fui eu, vivi 7 ou 8 vidas em uma, suficiente para
qualquer um.
somos todos iguais afinal, portanto nada de discursos,
    por favor,
a menos que você queira dizer que ele apostava nos
    cavalos e era muito
bom nisso.

depois é a sua vez e eu já sei algo que você não sabe,
talvez.

quieto

sentado esta noite
a esta
mesa
junto à
janela

a mulher está
acabrunhada
no
quarto

ela está em seus
dias especialmente
ruins.

bem, eu tenho
os meus

então
em deferência
a ela

a máquina de escrever
está
parada.

é esquisito
imprimir este troço
à
mão

me faz lembrar os
tempos

passados
quando as coisas
não
iam bem
de outra
maneira.

agora
o gato vem
me
ver

ele desaba
sob a mesa
entre os meus
pés

estamos ambos
derretendo
no mesmo
fogo.

e, querido
gato, ainda estamos
trabalhando com o
poema

e alguns
notaram
que há certa
"derrapagem"
aqui.

bem, aos 65
anos de idade eu posso

"derrapar"
à vontade e mesmo assim
deixar esses
críticos piegas
comendo
poeira.

Li Po sabia
o que fazer:
beber mais uma
garrafa e
enfrentar
as consequências.

eu me viro à minha
direita, vejo uma cabeça
enorme (refletida na
janela) sugando
um cigarro
e

nós arreganhamos os dentes
um para o
outro.

aí
me viro
de volta

fico aqui sentado
e
imprimo mais palavras sobre este
papel

não há nunca
uma derradeira
declaração
grandiosa

e esse é o
dilema
o embuste
que trabalha
contra
nós

mas
eu queria que você pudesse ver
o meu
gato

ele tem uma
pincelada
de branco em seu
rosto
contra um
fundo
amarelo-laranja

e aí
eu levanto a cabeça
e olho cozinha
adentro

vejo uma porção
brilhante
sob a luz
no alto

que se dissolve aos poucos em
escuridão
e depois numa escuridão
mais escura e
mais além não consigo
ver
nada.

é nosso

há sempre aquele espaço ali
pouco antes de nos pegarem
aquele espaço
aquele belo relaxante
o respiro
quando estamos, digamos,
desabados numa cama
pensando em nada
ou digamos
enchendo um copo com água da
torneira
quando estamos enlevados pelo
nada

aquele
espaço
puro e suave

vale

séculos de
existência

digamos

só pra você coçar o pescoço
ao contemplar pela janela um
galho nu

aquele espaço
ali
antes de nos pegarem
garante

que
quando pegarem
não vão
pegar tudo

jamais.

Coleção L&PM POCKET

1100. **Hamlet (Mangá)** – Shakespeare
1101. **A arte da guerra (Mangá)** – Sun Tzu
1104. **As melhores histórias da Bíblia (vol.1)** – A. S. Franchini e Carmen Seganfredo
1105. **As melhores histórias da Bíblia (vol.2)** – A. S. Franchini e Carmen Seganfredo
1106. **Psicologia das massas e análise do eu** – Freud
1107. **Guerra Civil Espanhola** – Helen Graham
1108. **A autoestrada do sul e outras histórias** – Julio Cortázar
1109. **O mistério dos sete relógios** – Agatha Christie
1110. **Peanuts: Ninguém gosta de mim... (amor)** – Charles Schulz
1111. **Cadê o bolo?** – Mauricio de Sousa
1112. **O filósofo ignorante** – Voltaire
1113. **Totem e tabu** – Freud
1114. **Filosofia pré-socrática** – Catherine Osborne
1115. **Desejo de status** – Alain de Botton
1118. **Passageiro para Frankfurt** – Agatha Christie
1120. **Kill All Enemies** – Melvin Burgess
1121. **A morte da sra. McGinty** – Agatha Christie
1122. **Revolução Russa** – S. A. Smith
1123. **Até você, Capitu?** – Dalton Trevisan
1124. **O grande Gatsby (Mangá)** – F. S. Fitzgerald
1125. **Assim falou Zaratustra (Mangá)** – Nietzsche
1126. **Peanuts: É para isso que servem os amigos (amizade)** – Charles Schulz
1127(27). **Nietzsche** – Dorian Astor
1128. **Bidu: Hora do banho** – Mauricio de Sousa
1129. **O melhor do Macanudo Taurino** – Santiago
1130. **Radicci 30 anos** – Iotti
1131. **Show de sabores** – J.A. Pinheiro Machado
1132. **O prazer das palavras** – vol. 3 – Cláudio Moreno
1133. **Morte na praia** – Agatha Christie
1134. **O fardo** – Agatha Christie
1135. **Manifesto do Partido Comunista (Mangá)** – Marx & Engels
1136. **A metamorfose (Mangá)** – Franz Kafka
1137. **Por que você não se casou... ainda** – Tracy McMillan
1138. **Textos autobiográficos** – Bukowski
1139. **A importância de ser prudente** – Oscar Wilde
1140. **Sobre a vontade na natureza** – Arthur Schopenhauer
1141. **Dilbert (8)** – Scott Adams
1142. **Entre dois amores** – Agatha Christie
1143. **Cipreste triste** – Agatha Christie
1144. **Alguém viu uma assombração?** – Mauricio de Sousa
1145. **Mandela** – Elleke Boehmer
1146. **Retrato do artista quando jovem** – James Joyce
1147. **Zadig ou o destino** – Voltaire
1148. **O contrato social (Mangá)** – J.-J. Rousseau
1149. **Garfield fenomenal** – Jim Davis
1150. **A queda da América** – Allen Ginsberg
1151. **Música na noite & outros ensaios** – Aldous Huxley
1152. **Poesias inéditas & Poemas dramáticos** – Fernando Pessoa
1153. **Peanuts: Felicidade é...** – Charles M. Schulz
1154. **Mate-me por favor** – Legs McNeil e Gillian McCain
1155. **Assassinato no Expresso Oriente** – Agatha Christie
1156. **Um punhado de centeio** – Agatha Christie
1157. **A interpretação dos sonhos (Mangá)** – Freud
1158. **Peanuts: Você não entende o sentido da vida** – Charles M. Schulz
1159. **A dinastia Rothschild** – Herbert R. Lottman
1160. **A Mansão Hollow** – Agatha Christie
1161. **Nas montanhas da loucura** – H.P. Lovecraft
1162(28). **Napoleão Bonaparte** – Pascale Fautrier
1163. **Um corpo na biblioteca** – Agatha Christie
1164. **Inovação** – Mark Dodgson e David Gann
1165. **O que toda mulher deve saber sobre os homens: a afetividade masculina** – Walter Riso
1166. **O amor está no ar** – Mauricio de Sousa
1167. **Testemunha de acusação & outras histórias** – Agatha Christie
1168. **Etiqueta de bolso** – Celia Ribeiro
1169. **Poesia reunida (volume 3)** – Affonso Romano de Sant'Anna
1170. **Emma** – Jane Austen
1171. **Que seja em segredo** – Ana Miranda
1172. **Garfield sem apetite** – Jim Davis
1173. **Garfield: Foi mal...** – Jim Davis
1174. **Os irmãos Karamázov (Mangá)** – Dostoiévski
1175. **O Pequeno Príncipe** – Antoine de Saint-Exupéry
1176. **Peanuts: Ninguém mais tem o espírito aventureiro** – Charles M. Schulz
1177. **Assim falou Zaratustra** – Nietzsche
1178. **Morte no Nilo** – Agatha Christie
1179. **Ê, soneca boa** – Mauricio de Sousa
1180. **Garfield a todo o vapor** – Jim Davis
1181. **Em busca do tempo perdido (Mangá)** – Proust
1182. **Cai o pano: o último caso de Poirot** – Agatha Christie
1183. **Livro para colorir e relaxar** – Livro 1
1184. **Para colorir sem parar**
1185. **Os elefantes não esquecem** – Agatha Christie
1186. **Teoria da relatividade** – Albert Einstein
1187. **Compêndio da psicanálise** – Freud
1188. **Visões de Gerard** – Jack Kerouac
1189. **Fim de verão** – Mohiro Kitoh
1190. **Procurando diversão** – Mauricio de Sousa
1191. **E não sobrou nenhum e outras peças** – Agatha Christie
1192. **Ansiedade** – Daniel Freeman & Jason Freeman
1193. **Garfield: pausa para o almoço** – Jim Davis
1194. **Contos do dia e da noite** – Guy de Maupassant
1195. **O melhor de Hagar 7** – Dik Browne
1196(29). **Lou Andreas-Salomé** – Dorian Astor
1197(30). **Pasolini** – René de Ceccatty

1198. **O caso do Hotel Bertram** – Agatha Christie
1199. **Crônicas de motel** – Sam Shepard
1200. **Pequena filosofia da paz interior** – Catherine Rambert
1201. **Os sertões** – Euclides da Cunha
1202. **Treze à mesa** – Agatha Christie
1203. **Bíblia** – John Riches
1204. **Anjos** – David Albert Jones
1205. **As tirinhas do Guri de Uruguaiana 1** – Jair Kobe
1206. **Entre aspas (vol.1)** – Fernando Eichenberg
1207. **Escrita** – Andrew Robinson
1208. **O spleen de Paris: pequenos poemas em prosa** – Charles Baudelaire
1209. **Satíricon** – Petrônio
1210. **O avarento** – Molière
1211. **Queimando na água, afogando-se na chama** – Bukowski
1212. **Miscelânea septuagenária: contos e poemas** – Bukowski
1213. **Que filosofar é aprender a morrer e outros ensaios** – Montaigne
1214. **Da amizade e outros ensaios** – Montaigne
1215. **O medo à espreita e outras histórias** – H.P. Lovecraft
1216. **A obra de arte na era de sua reprodutibilidade técnica** – Walter Benjamin
1217. **Sobre a liberdade** – John Stuart Mill
1218. **O segredo de Chimneys** – Agatha Christie
1219. **Morte na rua Hickory** – Agatha Christie
1220. **Ulisses (Mangá)** – James Joyce
1221. **Ateísmo** – Julian Baggini
1222. **Os melhores contos de Katherine Mansfield** – Katherine Mansfield
1223. (31).**Martin Luther King** – Alain Foix
1224. **Millôr Definitivo: uma antologia de *A Bíblia do Caos*** – Millôr Fernandes
1225. **O Clube das Terças-Feiras e outras histórias** – Agatha Christie
1226. **Por que sou tão sábio** – Nietzsche
1227. **Sobre a mentira** – Platão
1228. **Sobre a leitura *seguido do* Depoimento de Céleste Albaret** – Proust
1229. **O homem do terno marrom** – Agatha Christie
1230. (32).**Jimi Hendrix** – Franck Médioni
1231. **Amor e amizade e outras histórias** – Jane Austen
1232. **Lady Susan, Os Watson e Sanditon** – Jane Austen
1233. **Uma breve história da ciência** – William Bynum
1234. **Macunaíma: o herói sem nenhum caráter** – Mário de Andrade
1235. **A máquina do tempo** – H.G. Wells
1236. **O homem invisível** – H.G. Wells
1237. **Os 36 estratagemas: manual secreto da arte da guerra** – Anônimo
1238. **A mina de ouro e outras histórias** – Agatha Christie
1239. **Pic** – Jack Kerouac
1240. **O habitante da escuridão e outros contos** – H.P. Lovecraft
1241. **O chamado de Cthulhu e outros contos** – H.P. Lovecraft
1242. **O melhor de Meu reino por um cavalo!** – Edição de Ivan Pinheiro Machado
1243. **A guerra dos mundos** – H.G. Wells
1244. **O caso da criada perfeita e outras histórias** – Agatha Christie
1245. **Morte por afogamento e outras histórias** – Agatha Christie
1246. **Assassinato no Comitê Central** – Manuel Vázquez Montalbán
1247. **O papai é pop** – Marcos Piangers
1248. **O papai é pop 2** – Marcos Piangers
1249. **A mamãe é rock** – Ana Cardoso
1250. **Paris boêmia** – Dan Franck
1251. **Paris libertária** – Dan Franck
1252. **Paris ocupada** – Dan Franck
1253. **Uma anedota infame** – Dostoiévski
1254. **O último dia de um condenado** – Victor Hugo
1255. **Nem só de caviar vive o homem** – J.M. Simmel
1256. **Amanhã é outro dia** – J.M. Simmel
1257. **Mulherzinhas** – Louisa May Alcott
1258. **Reforma Protestante** – Peter Marshall
1259. **História econômica global** – Robert C. Allen
1260. (33).**Che Guevara** – Alain Foix
1261. **Câncer** – Nicholas James
1262. **Akhenaton** – Agatha Christie
1263. **Aforismos para a sabedoria de vida** – Arthur Schopenhauer
1264. **Uma história do mundo** – David Coimbra
1265. **Ame e não sofra** – Walter Riso
1266. **Desapegue-se!** – Walter Riso
1267. **Os Sousa: Uma família do barulho** – Mauricio de Sousa
1268. **Nico Demo: O rei da travessura** – Mauricio de Sousa
1269. **Testemunha de acusação e outras peças** – Agatha Christie
1270. (34).**Dostoiévski** – Virgil Tanase
1271. **O melhor de Hagar 8** – Dik Browne
1272. **O melhor de Hagar 9** – Dik Browne
1273. **O melhor de Hagar 10** – Dik e Chris Browne
1274. **Considerações sobre o governo representativo** – John Stuart Mill
1275. **O homem Moisés e a religião monoteísta** – Freud
1276. **Inibição, sintoma e medo** – Freud
1277. **Além do princípio de prazer** – Freud
1278. **O direito de dizer não!** – Walter Riso
1279. **A arte de ser flexível** – Walter Riso
1280. **Casados e descasados** – August Strindberg
1281. **Da Terra à Lua** – Júlio Verne
1282. **Minhas galerias e meus pintores** – Kahnweiler
1283. **A arte do romance** – Virginia Woolf
1284. **Teatro completo v. 1: As aves da noite *seguido de* O visitante** – Hilda Hilst

1285. **Teatro completo v. 2: O verdugo** *seguido de* **A morte do patriarca** – Hilda Hilst
1286. **Teatro completo v. 3: O rato no muro** *seguido de* **Auto da barca de Camiri** – Hilda Hilst
1287. **Teatro completo v. 4: A empresa** *seguido de* **O novo sistema** – Hilda Hilst
1289. **Fora de mim** – Martha Medeiros
1290. **Divã** – Martha Medeiros
1291. **Sobre a genealogia da moral: um escrito polêmico** – Nietzsche
1292. **A consciência de Zeno** – Italo Svevo
1293. **Células-tronco** – Jonathan Slack
1294. **O fim do ciúme e outros contos** – Proust
1295. **A jangada** – Júlio Verne
1296. **A ilha do dr. Moreau** – H.G. Wells
1297. **Ninho de fidalgos** – Ivan Turguêniev
1298. **Jane Eyre** – Charlotte Brontë
1299. **Sobre gatos** – Bukowski
1300. **Sobre o amor** – Bukowski
1301. **Escrever para não enlouquecer** – Bukowski
1302. **222 receitas** – J. A. Pinheiro Machado
1303. **Reinações de Narizinho** – Monteiro Lobato
1304. **O Saci** – Monteiro Lobato
1305. **Memórias da Emília** – Monteiro Lobato
1306. **O Picapau Amarelo** – Monteiro Lobato
1307. **A reforma da Natureza** – Monteiro Lobato
1308. **Fábulas** *seguido de* **Histórias diversas** – Monteiro Lobato
1309. **Aventuras de Hans Staden** – Monteiro Lobato
1310. **Peter Pan** – Monteiro Lobato
1311. **Dom Quixote das crianças** – Monteiro Lobato
1312. **O Minotauro** – Monteiro Lobato
1313. **Um quarto só seu** – Virginia Woolf
1314. **Sonetos** – Shakespeare
1315. (35).**Thoreau** – Marie Berthoumieu e Laura El Makki
1316. **Teoria da arte** – Cynthia Freeland
1317. **A arte da prudência** – Baltasar Gracián
1318. **O louco** *seguido de* **Areia e espuma** – Khalil Gibran
1319. **O profeta** *seguido de* **O jardim do profeta** – Khalil Gibran
1320. **Jesus, o Filho do Homem** – Khalil Gibran
1321. **A luta** – Norman Mailer
1322. **Sobre o sofrimento do mundo e outros ensaios** – Schopenhauer
1323. **Epidemiologia** – Rodolfo Sacacci
1324. **Japão moderno** – Christopher Goto-Jones
1325. **A arte da meditação** – Matthieu Ricard
1326. **O adversário secreto** – Agatha Christie
1327. **Pollyanna** – Eleanor H. Porter
1328. **Espelhos** – Eduardo Galeano
1329. **A Vênus das peles** – Sacher-Masoch
1330. **O 18 de brumário de Luís Bonaparte** – Karl Marx
1331. **Um jogo para os vivos** – Patricia Highsmith
1332. **A tristeza pode esperar** – J.J. Camargo
1333. **Vinte poemas de amor e uma canção desesperada** – Pablo Neruda
1334. **Judaísmo** – Norman Solomon
1335. **Esquizofrenia** – Christopher Frith & Eve Johnstone
1336. **Seis personagens em busca de um autor** – Luigi Pirandello
1337. **A Fazenda dos Animais** – George Orwell
1338. **1984** – George Orwell
1339. **Ubu Rei** – Alfred Jarry
1340. **Sobre bêbados e bebidas** – Bukowski
1341. **Tempestade para os vivos e para os mortos** – Bukowski
1342. **Complicado** – Natsume Ono
1343. **Sobre o livre-arbítrio** – Schopenhauer
1344. **Uma breve história da literatura** – John Sutherland
1345. **Você fica tão sozinho às vezes que até faz sentido** – Bukowski
1346. **Um apartamento em Paris** – Guillaume Musso
1347. **Receitas fáceis e saborosas** – José Antonio Pinheiro Machado
1348. **Por que engordamos** – Gary Taubes
1349. **A fabulosa história do hospital** – Jean-Noël Fabiani
1350. **Voo noturno** *seguido de* **Terra dos homens** – Antoine de Saint-Exupéry
1351. **Doutor Sax** – Jack Kerouac
1352. **O livro do Tao e da virtude** – Lao-Tsé
1353. **Pista negra** – Antonio Manzini
1354. **A chave de vidro** – Dashiell Hammett
1355. **Martin Eden** – Jack London
1356. **Já te disse adeus, e agora, como te esqueço?** – Walter Riso
1357. **A viagem do descobrimento** – Eduardo Bueno
1358. **Náufragos, traficantes e degredados** – Eduardo Bueno
1359. **Retrato do Brasil** – Paulo Prado
1360. **Maravilhosamente imperfeito, escandalosamente feliz** – Walter Riso
1361. **É...** – Millôr Fernandes
1362. **Duas tábuas e uma paixão** – Millôr Fernandes
1363. **Selma e Sinatra** – Martha Medeiros
1364. **Tudo que eu queria te dizer** – Martha Medeiros
1365. **Várias histórias** – Machado de Assis
1366. **A sabedoria do Padre Brown** – G. K. Chesterton
1367. **Capitães do Brasil** – Eduardo Bueno
1368. **O falcão maltês** – Dashiell Hammett
1369. **A arte de estar com a razão** – Arthur Schopenhauer
1370. **A visão dos vencidos** – Miguel León-Portilla
1371. **A coroa, a cruz e a espada** – Eduardo Bueno
1372. **Poética** – Aristóteles
1373. **O reprimido** – Agatha Christie
1374. **O espelho do homem morto** – Agatha Christie
1375. **Cartas sobre a felicidade e outros textos** – Epicuro
1376. **A corista e outras histórias** – Anton Tchékhov
1377. **Na estrada da beatitude** – Eduardo Bueno

lepmeditores
www.lpm.com.br
o site que conta tudo

IMPRESSÃO:

PALLOTTI
GRÁFICA

Santa Maria - RS | Fone: (55) 3220.4500
www.graficapallotti.com.br